Die Fallers

Eine Schwarzwaldfamilie

Das Kochbuch
zur Südwestrundfunk-Fernsehserie

Johanna Fallers Leibgerichte

Neue Rezepte aus dem Schwarzwald

Hans-Albert Stechl

G. Braun SWR

Inhalt

Der Fallerhof

Fotos:
Manfred Schaeffer, Karlsruhe: S. 76
Erich Spiegelhalter, Freiburg: S. 4/5, 6/7, 10, 12, 85, 89, 91
Telemach Wiesinger, Freiburg: Umschlag, S. 17, 19, 21, 25, 28, 38, 41, 45, 50, 53, 57, 67, 73, 81
SWR: alle übrigen
Die Fotos der Gasthöfe lieferten die jeweiligen Häuser.

Wir bedanken uns bei den Gasthäusern, die uns folgende Rezepte zur Verfügung gestellt haben:
Sommerau, Bonndorf-Sommerau: 16 li, 16 re, 30 re, 31 li, 41, 46 li, 65 li, 71 li, 71 re
Sommerberg, Feldberg-Altglashütten: 22 li, 51 re, 52 re, 59 li, 62 re, 75 re
Mühle zu Gersbach, Schopfheim-Gersbach: 31 re, 49 li, 64 li
Sonne, St. Peter: 21, 29 li, 32 re, 33 li, 34 li, 48 re, 56 li, 56 re, 59 re, 61 li, 73
Bären, Titisee: 20, 27 li, 28 li, 38, 39 li, 45, 46 re, 50, 62 li, 70 re
Zum Bären, Titisee-Neustadt: 15 re, 28 re, 48 li, 61 re, 69 li, 75 li
Kalte Herberge, Vöhrenbach-Urach: 34 re, 35 re, 52 li, 55 li
Hirschen, Glottertal: 25, 32 li, 37 li, 44 re, 51 li, 54 re, 64 re, 69 re
Löwen, Schönwald: 17, 19, 40 re, 47 re, 54 li, 63 re, 74 li
Alle anderen Rezepte: Hans-Albert Stechl, Freiburg

„Die Fallers"

Karl-Friedrich-Straße 14–18, 76133 Karlsruhe
Internet: http://www.gbraun.de
E-mail: buchverlag@gbraun.de
Konzeption: Helmut Rapp (SWR)
Bearbeitung: Sigrun Deuerer (SWR), Marion Sippel (SWR), Renate Telzer
Satz: Barbara Herrmann, Freiburg

Die Deutsche Bibliothek – CIP-Einheitsaufnahme

Stechl, Hans-Albert: Johanna Fallers Leibgerichte : neue Rezepte aus dem Schwarzwald ; das Kochbuch zur Südwestrundfunk-Fernsehserie / Hans-Albert Stechl. – Karlsruhe : Braun, 2000
ISBN 3-7650-8235-X

Verzeichnis der Rezepte

Versetzen wir uns in Gedanken zwei Generationen, also etwa vierzig bis fünfzig Jahre, zurück. Damals sind häufig Arbeiter und Angestellte aus den benachbarten Orten zu Fuß zu uns auf den Fallerhof gekommen, um Eier, Butter, Milch und Speck zu kaufen. Wer zufällig zur Abendessenszeit bei uns vorbeigeschaut hat, dem bot sich die folgende Szene dar: Die Küche war rußgeschwärzt, vom mit Holz befeuerten Herd ging der Rauch ohne Kamin geradewegs nach oben, wo er sich im Dunkel des Dachgiebels verlor. Dort entwich er durch die Ritzen der Dachabdeckung, zuvor jedoch würzte und konservierte er noch die Schinken- und Speckseiten sowie die Bauernbratwürste, die dort oben an Stangen aufgehängt waren. Über dem Herd baumelte eine Lampe. Sie bestand aus einer nackten Glühbirne und einem runden Emailleschirm, von dem kleine, schwarze Rußzapfen herunterhingen. Der Tisch hatte eine blank gescheuerte Holzplatte, und was sich darauf zum Abendessen befand, war selbst für jene Zeit – es waren die ausgehenden Fünfzigerjahre – denkbar karg. In der Mitte des Tisches stand eine Suppenschüssel mit warmer Milch, jeder – die Familie, der Knecht und die Magd – hatte vor sich ein paar gekochte Kartoffeln. Die wurden geschält, mit der Hand in die warme Milch getaucht und gerade so gegessen. Zum Schluss wurde die restliche Milch ausgelöffelt. Dann schleckte jeder sein Messer und seinen Löffel ab und verstaute sie wieder in der Tischschublade. Am Ende der Mahlzeit führte von der Schüssel in der Mitte des Tisches zu jedem Platz eine kleine „Milchstraße“ aus vertropfter Milch. Das war das Abendessen auf diesem Schwarzwaldhof an fünf bis sechs Tagen in der Woche, und auf den meisten anderen Höfen war es nicht anders.

So und so ähnlich war sie also, die ursprüngliche bäuerliche Küche des Hochschwarzwaldes, nach der sich wohl nur Romantiker zurücksehnen dürften, die mit der Realität nie konfrontiert worden sind. Karg, ohne große Abwechslung. Wenn es einmal Fleisch gab, dann war es meist Speck, also recht salzig und sehr fett – alles zusammen kann wohl nicht besonders gesund gewesen sein. Ein gebratenes Hähnchen, das war ein rarer Festtagsschmaus. Hätte man sich damals daran gemacht, ein Kochbuch über die bäuerliche Küche des Hochschwarzwaldes zu schreiben, es wäre ein dünnes und nicht besonders attraktives Büchlein geworden.

Wenn ich heute noch so kochen würde, wie es eine oder zwei Generationen zuvor auf unserem Hof noch tagtäglich üblich war, ich säße wohl alleine am Küchentisch, während Karl und Hermann sich bei Paula in der Dorfwirtschaft verköstigten und über das Essen zu Hause nur meckern und schimpfen würden. Aber da man mir nachsagt, ich sei nicht nur eine moderne Bäuerin, sondern eine begeisterte und gute Köchin obendrein, ist auch in der Küche des Fallerhofs nichts mehr so, wie es vor ein paar Jahrzehnten noch war.

Selbstverständlich hat die Eigenversorgung auf einem Bauernhof im Schwarzwald nach wie vor einen sehr hohen Stellenwert. Mein Gemüsegarten gehört zum Hof dazu wie der Silo zum Viehfutter. Aber ebenso haben auch der Spargel und andere feine Sachen ihren Weg herauf zum Fallerhof gefunden. Alte, traditionelle Rezepte haben ihre Berechtigung und auch ihren kulinarischen Charme bis auf den heutigen Tag bewahrt. Aber natürlich achtet eine moderne Bäuerin wie ich heute auch darauf, dass neben dem Geschmack auch die Gesundheit nicht zu kurz kommt. Und das bedeutet vor allem, es wird möglichst frisch gekocht; es wird schonend gekocht, damit die Vitamine und Nährstoffe erhalten bleiben; es wird fettärmer gekocht, denn dicke und mehlschwere Soßen haben heutzutage auch in der bäuerlichen Küche nichts mehr

verloren. Und es wird natürlich viel, viel abwechslungsreicher gekocht als damals.
Meine Lieblingsrezepte, die ich für dieses Buch aufgeschrieben habe, stellen deshalb eine sehr bunte und vielfältige Mischung mit einer engen Anbindung an die Küchentradition der Region dar. Alle werden mit Produkten zubereitet, die aus der näheren Umgebung stammen und nicht über Hunderte von Kilometern herbeigekarrt werden müssen. Und nicht weniger wichtig: Alle Gerichte kann man mit einem überschaubaren zeitlichen und finanziellen Aufwand auf den Tisch bringen, und für die Zubereitung genügen meist Kochtopf, Messer und Kochlöffel. Man braucht weder eine überkandidelte Küchenausrüstung noch das Geschick eines Profikochs. Meine Lieblingsrezepte sind leckere, manchmal ganz einfache, manchmal auch etwas raffiniertere, aber immer abwechslungsreiche Anregungen und Kochideen für jeden Tag – und natürlich auch für die Festtage des Jahres, die auch auf dem Fallerhof gebührend gefeiert werden.
Die von mir eingangs beschriebene bäuerliche Tischrunde hatte nicht nur wenig auf dem Teller. Auch beim Trinken war die Abwechslung damals mager: Kräutertee, Most, manchmal eine Flasche Bier, vor allem aber Wasser. Wasser aus dem Brunnen – das lief das ganze Jahr hindurch, war immer kühl und frisch, und es kostete nichts. Der Brunnen läuft selbstverständlich noch immer, auch auf dem Fallerhof, wo die Brunnenstube bis auf den heutigen Tag, vor allem im Sommer, als natürlicher Kühlraum geschätzt wird. Nur, wenn es ums Trinken geht, sind bei uns Fallers auch beim Wasser die Ansprüche gestiegen.
Da trifft es sich gut, dass gerade der Schwarzwald auch ein Quell ungetrübter Wasserfreuden ist. Zahlreiche tiefe Brunnen fördern hier Mineralwasser aus Millionen von Jahren alten Gesteinsformationen ans Tageslicht – Mineralwasser, das nicht nur so rein und klar und frisch ist wie die Luft an einem Frühlingsmorgen auf einem Schwarzwaldgipfel. Es ist zudem arm an Nitraten und damit besonders bekömmlich und selbst für Kleinkinder und Babys bestens verträglich. Längst hat es seinen Weg vom Privathaushalt auf die Tische auch der besten Restaurants unserer Region gefunden. Und es ist nicht mehr – wie vielleicht noch vor etlichen Jahren – das Getränk freudloser Abstinenzler, sondern Genuss für die Gesunden und die Genießer unter uns. Daneben gibt es auch zahlreiche Heilwässer, die helfen, Leiden zu lindern und Unpässlichkeiten zu beheben. Und auch beim Mineralwasser gilt – ebenso wie bei den Zutaten für meine Küche: Was nicht per LKW von weit her herbeigebracht werden muss, schont die Umwelt und fördert die Region.
Aber der Mensch lebt nicht nur vom Wasser alleine. Das weiß man nirgendwo besser als bei uns auf dem Fallerhof, wo gerade das gemeinsame Essen im Familienkreis schon immer einen hohen Stellenwert hatte. Kochen, Essen und Genießen in gut gelaunter Familienrunde – das wünsche ich auch den Leserinnen und Lesern dieses Kochbuches. Und ich wünsche vor allem viel Spaß und gutes Gelingen beim Nachkochen meiner Rezepte.

Johanna Faller

Der Franz hat den richtigen Riecher! Immer, wenn ich einen deftigen Eintopf koche, steht er mit Sicherheit in der Küche. Und mich freut's ja auch, wenn es ihm schmeckt. Er war halt schon als Kind ein rechter Suppenkasper!

Blumenkohl-Rahmsuppe mit Kürbiskernöl und gerösteten Steinpilzen

Zutaten:
400 g Blumenkohlröschen, ¾ l Gemüsebrühe, 100 ml Sahne, ⅛ l Weißwein, 150 g Crème fraîche, 50 g kalte Butterwürfel, Salz, weißer Pfeffer, 60 g Steinpilze, 1 EL reines Kürbiskernöl.

Zubereitung:
Die klein geschnittenen Blumenkohlröschen in der Brühe weich kochen, die Sahne dazugeben und nochmals aufkochen. Im Mixer mit Weißwein, Crème fraîche und der Butter fein pürieren, durch ein Sieb drücken und mit Salz und Pfeffer abschmecken. Die Steinpilze im 220 °C heißen Ofen eine Minute auf dem Backblech rösten. Suppe in Teller schöpfen, Steinpilze darauf verteilen und das Kürbiskernöl darüber träufeln.

Schwarzwälder Brotsuppe

Zutaten:
4–5 Brötchen vom Vortag, ¾ l Rinderbrühe, 50 g Butter, 50 g Speck, 1 Zwiebel, Majoran, 2 Knoblauchzehen oder Bärlauch, ⅛ l Sahne, 1 Bund Schnittlauch, 2–3 EL Speisestärke, mit etwas Weißwein angerührt.

Zubereitung:
Zwiebeln, Knoblauch oder Bärlauch, Speck und Majoran in Butter andünsten, die zerkleinerten Brötchen dazugeben und mit der Rinderbrühe aufgießen; mit dem Schneebesen durchrühren.
Etwa 10 Minuten leicht kochen lassen und mit der aufgelösten Speisestärke abbinden. Nur wenig nachwürzen, da die Rinderbrühe schon gewürzt ist. Zum Schluss die flüssige Sahne zugeben. Mit Schnittlauch und Brotwürfeln (Kracherle) anrichten.

Bärlauchsuppe mit Kracherle

Zutaten:
½ l Gemüsebrühe, 200 ml Sahne, 1 Schalotte, 30 g Butter, 20 g Mehl, 10 g frischer Bärlauch, 1 cl Olivenöl, 3 cl trockener Riesling, 1 Scheibe Toastbrot, 1 Knoblauchzehe, 30 g Butter.

Zubereitung:
Schalotte in feine Würfel schneiden und in der Butter glasig dünsten. Mehl zugeben und gut anschwitzen. Mit dem Gemüsefond und der Sahne auffüllen. 5 Minuten leicht köcheln lassen. Den Bärlauch mit dem Olivenöl fein mixen und in die Suppe rühren. Weißwein zugeben und mit dem Pürierstab (Zauberstab) kurz aufschäumen. Das Toastbrot in kleine Würfel schneiden, die Butter in der Pfanne zergehen lassen und die Brotwürfel in der Butter goldbraun rösten. Die zerdrückte Knoblauchzehe zum Schluss dazugeben. Die Suppe in Teller gießen und mit den Kracherle garnieren.

Biersuppe mit Krautwickel

Zutaten:
170 g gehacktes Schweinefleisch, 1 kleiner Kopf Weißkraut, 20 g durchwachsener Speck, 20 g gehackte Petersilie, 3 Scheiben Toastbrot, 60 g fein geschnittene Zwiebeln, Salz, Pfeffer, Muskat, 2 Eier, ½ l Sahne, ½ l Fleischbrühe, 160 ml Altbier, 4 Scheiben Weißbrot (für Brotwürfel), 1 Knoblauchzehe, 80 g Butter, 20 g geschnittener Schnittlauch.

Zubereitung:
Den Strunk des Krautes entfernen und das Kraut 10–15 Minuten in Salzwasser kochen. Die abgelösten, größeren Blätter in Eiswasser abschrecken und beiseite legen. Den gewürfelten Speck, Zwiebeln und Petersilie in Butter anschwitzen. Mit dem eingeweichten Toast und den Eiern unter die Fleischmasse mengen. Das restliche Kraut fein schneiden und ebenso untermengen. Die Krautblätter mit der Masse füllen, einrollen und in einen flachen Topf legen.
Altbier, Fleischbrühe und Sahne zugeben. Krautwickel mit Butterflocken bestreuen und 50 Minuten bei 160 °C im Backofen garen. Krautwickel herausnehmen und in Scheiben schneiden. Suppe würzen und mit dem Mixstab durchmixen. Weißbrot mit Butter und Knoblauch bestreichen, in feine Würfel schneiden und anrösten.
Die Suppe in die vorgewärmten Teller geben, die Krautwickelscheiben hineinlegen und mit den Brotwürfeln und dem Schnittlauch garnieren.

Buttermilchsuppe

Zutaten:
1 l Buttermilch, 2 Eigelb, 1 Stange Zimt,
½ Tasse Haferflocken, 2 säuerliche Äpfel, 1 EL Rosinen,
1 Tasse Haferflocken, 4 EL Zucker.

Zubereitung:
Buttermilch, Eigelb, Zimt und die halbe Tasse Haferflocken verquirlen und unter Rühren erhitzen. Die Äpfel schälen, entkernen und in kleine Stücke schneiden. Kurz vor dem Kochen in die Suppe geben, Rosinen und die ganze Tasse mit Haferflocken unterrühren und mit dem Zucker abschmecken.
Die Suppe kann man im Sommer kalt und im Winter dampfend heiß servieren.

Kartoffelsuppe mit Majoran

Zutaten:
300 g rohe, geschälte, mehlige Kartoffeln,
300 ml Sahne, 2 Knoblauchzehen, 50 g Zwiebeln,
¾ l Fleischbrühe, Salz, Pfeffer, Muskat, 20 g Butter,
1 TL getrockneter Majoran.

Zubereitung:
Die in Würfel geschnittenen Kartoffeln mit Zwiebeln und Knoblauch in Butter andünsten, mit der Fleischbrühe auffüllen und 15 Minuten köcheln lassen. Dann mit dem Zauberstab pürieren, Sahne dazugeben, mit Salz, Pfeffer und Muskat abschmecken. Zum Schluss zerriebenen Majoran zugeben.

Kohlrabisuppe mit Thymian

Zutaten:
2–3 Kohlrabi, ½ l Gemüsefond (aus den Kohlrabischalen und 150 g Suppengrün gekocht),
200 ml Sahne, 50 g wilder Thymian, 50 ml Weißwein,
30 g Butter, 2 EL Mehl.

Zubereitung:
Die Kohlrabi schälen und in kleine Würfel schneiden. Den Thymian abzupfen und hacken (die Stängel kurz im Gemüsefond mitkochen). Die Kohlrabiwürfel in Butter andünsten, mit dem Mehl bestäuben, Weißwein, Gemüsebrühe und Sahne beigeben und 5 Minuten köcheln lassen. Mit dem Mixstab durchmixen, mit Salz und Pfeffer abschmecken, dann den Thymian dazugeben.

Flädlesuppe

Zutaten:
200 g Weizenmehl, ½ l Milch, 1 Prise Salz, 4 Eier, ½ Bund frische Petersilie, 1 l Fleischbrühe, ½ Bund frischer Schnittlauch.

Zubereitung:
Das Mehl mit den Eiern zu einem festen, glatten Teig verarbeiten, die Milch und eine Prise Salz dazugeben und zu einem flüssigen Teig verrühren. Petersilie waschen und fein hacken, danach unter die Teigmasse rühren. In einer Pfanne wenig Fett erhitzen, eine Kelle voll Teig hineingeben und durch Schwenken der Pfanne den Teig sehr dünn verteilen. Beide Seiten des Pfannkuchens goldgelb ausbacken, anschließend die Pfannkuchen etwas auskühlen lassen. Während dieser Zeit den Schnittlauch waschen und in zarte Röllchen schneiden. Dann die Pfannkuchen zusammenrollen und in dünne Streifen schneiden. Fleischbrühe erhitzen (nicht kochen). Flädle in Tassen oder Teller geben, Schnittlauch dazu, heiße Brühe darauf, fertig.

Tomatisierte Lauchzwiebelsuppe mit Schinkenschöberl

Zutaten:
Suppe: 200 g Lauchzwiebeln, 5 vollreife Tomaten, 50 g Butter, 400 ml Brühe, 200 ml Sahne, 2 EL Crème fraîche, Salz, Pfeffer, evtl. 1 Lorbeerblatt, je ein Zweig frischer Rosmarin und Thymian.

Schinkenschöberl: 25 g Butter, 1 Ei, Muskat, Salz, 1 EL geschlagene Sahne, 30 g Mehl, 2 EL Schinkenwürfel (gekochter Schinken), 2 EL Parmesan.

Zubereitung:
Suppe: Die Hälfte der Butter in einem Topf aufschäumen lassen und die gewaschenen und klein geschnittenen Lauchzwiebeln bis auf eine Stange dazugeben. Kurz andünsten, dann die gewaschenen und klein geschnittenen Tomaten dazugeben, hier ebenfalls eine Tomate zurückbehalten. Leicht mit Salz, Pfeffer und einer Prise Zucker würzen. Mit der Brühe auffüllen und kurze Zeit köcheln lassen, dann die Sahne hinzufügen und nochmals kurze Zeit kochen lassen. Je nach Geschmack kann man ein Lorbeerblatt sowie einen frischen Zweig Rosmarin und Thymian mitkochen. Das Ganze in einen Mixer geben oder mit dem Zauberstab zerkleinern und durch ein feines Sieb passieren. Die zurückbehaltene Lauchzwiebel und die abgezogene sowie entkernte Tomate in kleine Würfelchen schneiden und in Butter anschwenken, als Einlage in die Suppenteller geben. Die heiße Suppe (nicht kochend) nun mit 3 Esslöffeln geschlagener Sahne und 2 Esslöffeln Crème fraîche mit dem Schneebesen oder dem Mixstab aufarbeiten.

Schinkenschöberl: Butter schaumig schlagen, Ei trennen und das Eigelb unter die Butter rühren, mit Salz und Muskat würzen. Geschlagene Sahne unterrühren, anschließend Mehl zugeben. Eiweiß steif schlagen und unterheben. Backblech mit Backpapier auslegen und die Masse ca. 1 cm dick aufstreichen. Mit Schinken und Parmesan bestreuen, dann bei 180 °C ca. 20 Minuten backen. Nach dem Backen kurz ruhen lassen, dann in kleine Rauten schneiden und auf der servierfertigen Suppe verteilen. Die Schöberl lassen sich gut vorbereiten.

Kürbissuppe mit Kaninchenleber-Knödel

Zutaten:
Suppe: 200 g Kürbisfleisch in Würfeln, 400 ml Sahne, 500 ml Brühe, 100 ml Weißwein, 50 ml Kürbiskernöl, etwas Thymian, 1 Nelke, 1 Stange Zimt, 5 g frischer, geriebener Ingwer, 1 TL Honig, Salz, Pfeffer, Muskat.

Kaninchenleber-Knödel: 300 g Leber vom Kaninchen, 100 g Weißbrotwürfel, 2 Eier, 50 g Schalotten und Zwiebelscheiben, 50 g weißer Lauch; Majoran, Salz, Pfeffer und Kräuter.

Zubereitung:
Suppe: Kürbiswürfel in Kürbiskernöl anschwitzen und mit Weißwein ablöschen. Die Gewürze zugeben, mit Sahne und Brühe auffüllen und weich kochen. Alles mixen und passieren und danach nochmals abschmecken.

Kaninchenleber-Knödel: Schalotten, Zwiebelscheiben und Lauch anschwitzen. Eier, Weißbrot und in Würfel geschnittene Leber gut vermengen und würzen. Durch die feine Scheibe vom Fleischwolf drehen, die Eier dazugeben und nochmals abschmecken. In Kaffeelöffel große Knödel abstechen und in Geflügelbrühe ca. 10 Minuten gar ziehen lassen.

Kürbiscremesuppe mit gebratenen Riesengarnelen

Zutaten:
400 g Kürbisfleisch, 300 ml Brühe, 100 ml Sahne, 20 g Butter, 2 Schalotten, 1 EL Curry, Salz, Zucker, 8 Garnelen, Pfefferminzblätter.

Zubereitung: Schalotten fein schneiden. In Butter glasig dünsten und das in kleine Stücke geschnittene Kürbisfleisch dazugeben. Nochmals kurz andünsten. Einen Esslöffel Currypulver zugeben. Leicht salzen und eine Prise Zucker dazugeben. Das Ganze mit der Brühe ablöschen und ca. 10 Minuten langsam weich kochen. Danach mit dem Küchenmixer fein pürieren und die Sahne zugeben. Wieder aufkochen und abschmecken. Die Riesengarnelen kurz in der Pfanne in Butter anbraten und jeweils zwei halbierte Garnelen im Teller anrichten. Die Suppe mit wenig fein geschnittenen Pfefferminzblättern garnieren.

Aufgeschäumte Suppe mit Kräutern

Zutaten:
0,7 l Fleisch- oder Gemüsebrühe, 3 Eigelbe, 0,5 dl Sahne, 1,5 dl geschlagene Sahne, 100 g fein gehackte frische, gemischte Kräuter wie Kerbel, Petersilie, Thymian, Basilikum.

Zubereitung:
Die Brühe aufkochen. Die flüssige Sahne mit den Eigelben verquirlen und sehr langsam und unter ständigem Rühren in die Suppe geben. Dann die Kräuter in die Suppe rühren. Zum Schluss die geschlagene Sahne zur Suppe geben, mit Salz und Pfeffer abschmecken. Dann mit dem Pürierstab einmal kurz durchquirlen, so dass die Suppe leicht aufschäumt.

Maronensuppe mit Kirschwasser

Zutaten:
100 g geschälte Maronen, 300 ml Sahne, ¾ l Fleischbrühe, 2 Schalotten, 20 g Butter, je eine Prise Zimt, gemahlene Nelke und gemahlener Ingwer, Salz, Pfeffer, 2 cl Kirschwasser.

Zubereitung:
Die Schalotten fein würfeln und mit den Maronen in etwas Butter anschwitzen. Mit Fleischbrühe ablöschen, Sahne dazugeben und aufkochen lassen. Danach mixen und durch ein grobes Sieb passieren. Mit den Gewürzen abschmecken und kurz vor dem Servieren das Kirschwasser dazugeben.

Schneckensuppe unter der Blätterteighaube

Zutaten:
10 Weinbergschnecken, 50 g Butter, 2 fein gehackte Schalotten, 2 Zehen durchgepresster Knoblauch, insgesamt 100 g fein gewürfelte Karotten, Sellerie und Lauch, 60 g fein gewürfelte rohe Kartoffeln, 100 ml trockener Weißwein, ½ l Kalbs- oder Geflügelbrühe, 200 ml Sahne, Salz, Pfeffer, gehackte Petersilie und Kerbel, 4 Stück fertige Blätterteigplatten.

Zubereitung:
Die Butter in einem Topf bei mittlerer Hitze schmelzen lassen, Schnecken, Schalotten, Knoblauch, Kartoffeln und Gemüsewürfel leicht andünsten, ohne dass sie Farbe annehmen. Dann mit dem Wein ablöschen und mit der Kalbs- oder der Geflügelbrühe und der Sahne auffüllen. Etwa 15 Minuten köcheln lassen, dann mit Salz, Pfeffer und den Kräutern abschmecken. Den Blätterteig rund ausschneiden, so dass man den Teig etwa 1 cm über den Rand einer kleinen Portions-Suppenterrine herunterklappen kann. Eine Seite der Teigplatte mit Eigelb bestreichen. Die Suppe in die Terrine füllen, den Blätterteig mit der bestrichenen Seite nach unten auflegen, am Rand gut festdrücken, dann auch oben mit Eigelb bestreichen und in den vorgeheizten, 200 °C heißen Backofen schieben. Die Suppe ist fertig, wenn der Blätterteig goldgelb und nach oben gewölbt ist.

Fischsuppe

Zutaten:
400 g gemischte Fischfilets (z. B. Lachs, Heilbutt, Seezunge), 150 g Crevetten, 0,7 l Fischbrühe, 2 dl trockener Weißwein, 2 dl Sahne, Saft von ½ Zitrone, 200 g klein geschnittenes Gemüse wie Karotten oder Lauch, etwas fein geschnittene Petersilie.

Zubereitung:
Die Fischfilets säubern, abwaschen, in mundgerechte Stücke schneiden und mit etwas Zitronensaft beträufeln. Die Crevetten schälen, der Länge nach halbieren und den dunklen Darm entfernen. Den Fischsud aufkochen und das Gemüse darin garen, so dass es gerade noch bissfest ist. Dann den Weißwein, die Sahne und den restlichen Zitronensaft dazugeben und die Suppe mit Salz und Pfeffer abschmecken. Dann die Fischstücke und die Crevetten in die Suppe legen und darin pochieren. Dabei darf die Suppe nicht mehr aufkochen, sondern muss knapp unter der Siedetemperatur gehalten werden. Die Fischstücke sind in etwa vier bis fünf Minuten durchgezogen und gar. Die Suppe in Teller schöpfen und mit der Petersilie bestreuen.

Topinambur-Cremesuppe

Zutaten:
300 g Topinambur, 30 g Butter, 2 Schalotten, insgesamt 50 g klein geschnittene Karotten und Sellerie, ¾ l Gemüsebrühe, ⅛ l Sahne, ⅛ l Crème fraîche, 1 Lorbeerblatt, 1 Thymiansträußchen, Salz, Pfeffer.

Zubereitung:
Die Topinamburknollen schälen und in kleine Würfel schneiden. Schalotten fein würfeln und in Butter glasig dünsten. Gemüse und Topinambur dazugeben und etwa 5 Minuten dünsten. Mit der Brühe auffüllen und etwa ½ Stunde köcheln lassen. Lorbeerblatt und Thymian 10 Minuten vor Ende der Garzeit dazugeben. Wenn das Gemüse gut gar ist, mit dem Zauberstab pürieren und durch ein feines Sieb streichen. Nochmals aufkochen lassen und mit Sahne und Crème fraîche verfeinern. Als Garnitur passen in Butter kross gebratene Topinamburstreifen.

Spargelcremesuppe mit Schinkenravioli

Zutaten:
Suppe: 400 g Spargel, ½ l Sahne, 100 g Butter, Zucker, Salz, Saft von einer halben Zitrone.

Schinkenravioli: 200 g Mehl, 2 Eier, Salz, 2 EL Olivenöl, 100 g gekochte Schinkenwürfel, 2 Schalotten in Würfeln, 20 g Butter, 1 EL Petersilie.

Zubereitung:
Suppe: Spargel schälen und in der Mitte durchschneiden. Die Spitzen mit Wasser, Salz, Zucker und Zitronensaft eine Minute kochen lassen. Vom Feuer nehmen und ziehen lassen. Die Spargelenden mit einem halben Liter Spargelwasser kochen, mit Sahne auffüllen, durchkochen und abpassieren. Suppe mit Salz und Zucker abschmecken und mit der kalten Butter und der geschlagenen Sahne aufrühren.

Schinkenravioli: Aus Mehl, Eiern, Salz und Olivenöl einen Nudelteig herstellen. Abgedeckt 30 Minuten im Kühlschrank ruhen lassen. Schalotten in Butter goldgelb anschwitzen, Schinkenwürfel und einen Esslöffel Petersilie zugeben, durchrühren und beiseite stellen. Nudelteig dünn ausrollen, halbieren. Eine Hälfte mit verquirltem Ei bestreichen. In Abständen kleine Schinkenhäufchen darauf setzen, die andere Teighälfte darauf legen und ringsum gut andrücken. Ravioli ausradeln. Drei Minuten in leichtem Salzwasser abkochen. Suppe anrichten und Ravioli hineingeben.

Kati und ich sind uns ja nicht immer einig. Aber wenn wir mal die Zeit finden – und einen Grund gibt's immer –, dann trinken wir gerne ein Gläschen zusammen. Erst einen trockenen Sekt und dann einen frischen Salat, das ist nach unserem Geschmack.

Marinierte Scheiben von der heimischen Bachforelle, Feldsalat mit Kartoffel-Estragon-Sauce

Zutaten:
2 Forellen filetiert, entgrätet und enthäutet, 5 EL Traubenkernöl, ca. 200 g Feldsalat, 1 geschälte Kartoffel, 2 Schalotten, 20 g Butter, 200 ml Brühe, 4 EL Walnussessig, 2 EL Estragonessig, 1 frischer Zweig Estragon, Salz und Pfeffer.

Zubereitung:
Schalotten schälen und fein würfeln, in der Butter glasig werden lassen. Die grob zerkleinerte Kartoffel zugeben, mit der Brühe auffüllen und köcheln lassen. In der Zwischenzeit den Feldsalat putzen und waschen. Die Teller leicht mit Traubenkernöl einpinseln und mit Salz und Pfeffer aus der Mühle würzen. Je Portion ein Forellenfilet in hauchdünne Scheibchen schneiden und kreisförmig auf dem Teller verteilen. Die Brühe mit der Kartoffel mit dem Mixer oder Zauberstab pürieren und durch ein Sieb streichen. Mit Salz und Pfeffer eventuell leicht nachwürzen, mit Estragonessig verfeinern.

Tipp: Die Kartoffel-Estragon-Marinade sollte nicht zu dick sein, sonst geht der Geschmack der frischen Forellenfilets verloren; im Notfall mit Brühe verdünnen. Die Marinade vorsichtig über die Filets geben. Den Feldsalat mit Salz, Pfeffer, Zucker, Walnussessig und Traubenkernöl würzen und in die Mitte des Tellers platzieren. Nach Belieben mit frischen Estragonblättchen und Cocktail-Tomaten garnieren.

Bauernsalat mit pochiertem Ei

Zutaten:
Bauernsalat: 1 Friséesalat, 1 Kopfsalat, 1 Radicchio, 1 Eichblattsalat, 1 Bund Brunnenkresse, 1 Bund Radieschen, 1 Karotte, 8 Steinchampignons, einige Kräuter je nach Jahreszeit, 4 Scheiben geräucherter Bauchspeck, 3 Scheiben Toastbrot, 4 Eier, 1 cl Essig.

Vinaigrette: 1 dl Haselnussöl, 1 dl Traubenkern- oder Olivenöl, 3 cl Sherryessig, 6 cl Bouillon, 1 kleine durchgedrückte Knoblauchzehe, Salz, Pfeffer, Muskat.

Zubereitung:
Die Zutaten für die Vinaigrette gut vermengen. Alle Salate putzen, waschen, klein zupfen, Radieschen in Scheiben schneiden, Karotte schälen und in sehr dünne Scheiben hobeln, Champignons fein schneiden, die Kräuter hacken.
Wasser in einem Topf zum Kochen bringen, Essig zugeben, die Eier einzeln in eine Schöpfkelle aufschlagen und aus der Kelle in das siedende Essigwasser gleiten lassen, mit einem Holzlöffel das Eiweiß um das Eigelb legen, etwa 4 Minuten ziehen lassen (pochieren). Das Eigelb sollte weich und halb flüssig bleiben. Mit der Schaumkelle herausheben und in handwarmes Wasser legen. Toastbrot entrinden, in Würfel oder Stäbchen schneiden und in einer Pfanne mit Butter goldgelb rösten. Speck in Streifen schneiden und in der Pfanne kross rösten. Salate anmachen, auf Tellern anrichten, mit Radieschen, Champignons und Karotten garnieren, das pochierte Ei in die Mitte setzen, mit Speck, Croutons und Kräutern bestreuen.

Gebackener Glottertäler Weißschimmler mit Tomatenragout

Zutaten:
Ca. 320 g Weißschimmelkäse, 5 EL Mehl, 3 Eier, 6 EL Semmelbrösel, 100 g Butter, 5 Tomaten (enthäutet und ohne Kerne), Salz, Pfeffer, 2 Schalotten und frisches Basilikum.

Zubereitung:
4 Tomaten grob zerkleinern und mit 30 g Butter und den geschälten und gewürfelten Schalotten andünsten, mit Salz und Pfeffer würzen. Mit dem Mixer fein pürieren und durch ein Sieb passieren. 50 g Butter in einer beschichteten Pfanne zerlassen und den panierten Käse ausbacken. Tomate in kleine Würfel und Basilikum in feine Streifen schneiden, mit der restlichen Butter vorsichtig in die Sauce einrühren. Den Käse auf vorgewärmten Tellern anrichten und mit dem Tomatenragout garnieren. Dazu frisches Weißbrot servieren.

Schwarzwälder Käsenocken

Zutaten:
300 g geriebenes Weißbrot, ½ l Milch, 125 g Reibekäse (Hartkäse), 30 g Mehl, 3 Eier, 1 gehackte Zwiebel zum Dünsten, Petersilie, Schnittlauch, Salz, Pfeffer, Muskat.

Zubereitung:
Gedünstete Zwiebeln, Mehl, Eier, Reibekäse und die warme Milch über das geriebene Weißbrot geben. Mit Salz und Pfeffer, Muskat und Kräutern würzen, alles gut durcharbeiten und eine Stunde ziehen lassen. Mit einem Esslöffel oder Eis-Portionierer die Nocken ausstechen, in kochendes Salzwasser geben und 10–15 Minuten ziehen lassen. Mit Essig-Öl-Dressing angemachtem Feldsalat oder mit Blattsalaten anrichten und mit etwas Butterzwiebeln abschmelzen.

Kalbshaxenterrine

Zutaten:
4 Kalbshaxenscheiben, 1/4 Sellerieknolle, 1 Karotte, 1/2 Stange Lauch, 1 Zwiebel, 4 Tomaten, 1/4 l Weißwein, Knoblauch, Rosmarin, Thymian, Salz, Pfeffer, Öl zum Anbraten.

Zubereitung:
Kalbshaxenscheiben würzen und in Öl beidseitig anbraten. Dann das Röstgemüse hinzugeben und Farbe nehmen lassen. Anschließend die zerkleinerten Tomaten, Gewürze und Kräuter beifügen und mit dem Weißwein ablöschen. Nun die Kalbshaxenscheiben ca. 2 Stunden gar ziehen lassen. Nach und nach mit etwas Wasser auffüllen. Dabei ist zu beachten, dass der Fond ziemlich knapp gehalten werden sollte. Die Kalbshaxen auslösen, das Fleisch grob zerkleinern und mit dem reduzierten Fond anmachen. Nochmals abschmecken, alles in eine Form pressen und unter Gewicht kalt stellen. Dazu passt sehr gut eine Tomatenvinaigrette und knuspriges Anisbrot.

Kalbskopf mit Saubohnen

Zutaten:
500 g gekochter Kalbskopf in Würfel (ca. 2 x 2 cm), 300 ml Fleischbrühe, 160 g Saubohnen ausgepult und geschält, 50 g eisgekühlte Butterwürfel, 1 EL fein geschnittener Schnittlauch, Zitrone, Salz, Pfeffer, 1 El trockener weißer Wermut, 8 Pellkartoffeln.

Zubereitung:
Saubohnen in der Fleischbrühe weich kochen, die Kalbskopfwürfel dazugeben und 5 Minuten kochen lassen. Die Butterstückchen nach und nach einrühren und den Fond damit abbinden. Vom Herd nehmen, Schnittlauch dazugeben, mit etwas Zitronensaft und dem Wermut, Pfeffer und Salz abschmecken. In vier Suppentellern anrichten und mit den Pellkartoffeln servieren.

Kalbszüngle mit Schweinewädele in Schnittlauch-Eier-Vinaigrette

Zutaten:
1 gepökeltes Kalbszüngle, 2 gepökelte Schweinewädele (Eisbein), 1 Lorbeerblatt, 1 TL Pfefferkörner, 1 TL Wacholderbeeren.

Schnittlauch-Eier-Vinaigrette: 1 EL fein geschnittene Schalotten, 1 hart gekochtes und fein gewürfeltes Ei, 2 EL fein geschnittener Schnittlauch, 2 EL Essig, 4 EL Olivenöl, 2 EL Haselnussöl, Salz, Pfeffer, 200 g Kirschtomaten, ein paar Kerbelzweige.

Zubereitung:
Das gepökelte Kalbszüngle und die Schweinewädele zusammen mit den Pfefferkörnern, dem Lorbeerblatt und den Wacholderbeeren weich kochen. Das Kalbszüngle enthäuten und die Schweinewädele von Knochen und Schwarte befreien. Alles in dünne Scheiben schneiden und auf einem Teller flach ausgebreitet anrichten. Die Schnittlauch-Eier-Vinaigrette darüber geben und mit den halbierten Kirschtomaten und dem Kerbel garnieren.

Süß-sauer marinierte Lachsforelle auf jungem Löwenzahn mit Tomatenvinaigrette

Zutaten:
500 g Lachsforellenfilet, 100 g Zwiebelstreifen, 80 g Salz für die Beize.

Marinade: 450 ml Wasser, 225 ml Essig, 225 g Zucker, ½ TL Pfeffer, 1 TL Senf, 5 Wacholderbeeren, 1 Lorbeerblatt, 1 Nelke.

Tomatenvinaigrette: Salz, Pfeffer, 1 EL Zitronensaft, 1 EL Essig, 4 EL Olivenöl, 2 gehäufte EL Tomatenwürfel, 300 g Löwenzahn.

Zubereitung:
Forellenfilet in dem Salz beizen und zwei Stunden kalt stellen. Alle Zutaten der Marinade aufkochen und zugedeckt abkühlen lassen. Die in Streifen geschnittene Zwiebel und die in kleine Würfel geschnittene Lachsforelle der kalten Marinade beigeben und 12 Stunden ziehen lassen.
Den Löwenzahn putzen, waschen und trockenschleudern, mit der Tomatenvinaigrette anmachen und zusammen mit den in Stücke geschnittenen Forellenfilets auf Tellern anrichten.

Lachsforellengelee mit Joghurt

Zutaten:
800 g Lachsforelle, 4 Blatt Gelatine, 200 g Joghurt, 100 ml Fischfond, 200 g Sauerrahm, 1 TL Fenchelkraut oder Dill, Salz, Pfeffer, Zitronensaft.

Zubereitung:
Das Lachsforellenfilet in gleichmäßige Stücke teilen, eine Stunde einsalzen, anschließend kurz abspülen und auf einem gebutterten Blech kurz garen, es sollte noch nicht ganz durch sein. Aus dem Sauerrahm, dem Joghurt, dem Fischfond und der Gelatine zusammen mit den Gewürzen und dem Zitronensaft ein Gelee herstellen, und bevor dieses anzieht, zusammen mit den angegarten Fischfilets in eine Form schichten. Mindestens drei Stunden im Kühlschrank kalt stellen.

Rauchlachs-Säckle

Zutaten:
8 Scheiben Rauchlachs, 8 Spargelstangen, 50 g Crème fraîche, 1 kleiner Bund Schnittlauch, Salz, Pfeffer, Zitronensaft, 100 g Blattsalate (bunte Mischung mit Rucola), 1 hart gekochtes Ei, 4 EL Olivenöl, 2 EL Balsamicoessig.

Zubereitung:
Für die Füllung das Ei in kleine Würfel schneiden, Spargel in 2 mm dünne Scheiben bis 6–7 cm zum Kopf schneiden. Crème fraîche mit Salz, Pfeffer, Zitronensaft verrühren. Eierwürfel, Spargelstücke und Schnittlauch zugeben.
Rauchlachsscheiben auf Klarsichtfolie auslegen, mit Füllung belegen und die Folienenden zu einem Säckchen drehen und ausformen. Vorsichtig wieder aus der Folie nehmen, mit einem Schnittlauchhalm zusammenbinden. Die Spargelspitzen auf dem Teller mit den bunten Blattsalaten anrichten, mit Balsamicoessig und Olivenöl marinieren, das Säckle aufsetzen. Dazu Brioche oder neue Kartoffeln aus der Pfanne mit Sesam anrichten.

Salat mit Spanferkel auf Linsenvinaigrette mit Sommertrüffeln

Zutaten:
Kopfsalat, Lollo rosso und Feldsalat (insgesamt 400 g gemischt), 200 g kleine grüne Linsen,
je 100 g Karotten und Sellerie in Würfelchen,
Schnittlauchröllchen, Balsamicoessig und Olivenöl,
2 EL Rinderbrühe, Butterflocken, 4 Spanferkelkoteletts und 8 Scheiben Sommertrüffel.

Zubereitung:
Eingeweichte Linsen in Rinderbrühe weich kochen und die Gemüsewürfelchen zugeben. Wenn die Linsenbrühe fast eingekocht ist, Butterflocken, Essig, Öl, Salz, Pfeffer und Schnittlauch dazugeben.
Spanferkelkoteletts würzen, in Mehl wenden und kurz und scharf anbraten, anschließend etwas ruhen lassen.
Die Blattsalate mit einer Salatsauce aus Salz, Pfeffer, Rinderbrühe, Balsamicoessig und Olivenöl marinieren.
Auf der oberen Hälfte des Tellers wird der Salat kompakt und hoch angerichtet. Auf die untere Hälfte zwei Esslöffel von der Linsenvinaigrette geben, auf die dann die Spanferkelkoteletts gelegt werden. Die Trüffelscheiben dekorativ darauf legen.

Spargelmousse mit Kalbsbries

Zutaten:
Spargelmousse: 600 g Spargel geschält,
Saft von ½ Zitrone,
1 Scheibe Weißbrot, Salz, 1 Prise Zucker,
3 EL Blattgelatine, ¼ l Sahne.

Kalbsbries: 200 g Kalbsbries, 2 EL Champagneressig,
½ EL Himbeeressig, 1 Zwiebel, Mehl zum Wenden,
100 g Butterschmalz, 40 g gehobelte Mandeln.

Zubereitung:
Spargelmousse: Drei Liter Wasser mit Salz, Zucker, Zitronensaft und Weißbrot zum Kochen bringen. Spargel zugeben und weich kochen, herausnehmen, pürieren und durch ein Sieb streichen. Gelatine einweichen und im warmen Spargelpüree auflösen. Mit dem Essig, etwas Salz und Zucker abschmecken, abkühlen und die geschlagene Sahne unterheben. Gut durchkühlen.

Kalbsbries ca. 2 Tage wässern. Von Haut und Sehnen befreien. In etwas Wasser und einer Spickzwiebel mit einer Prise Salz ca. 30 Minuten langsam bei 60 °C ziehen lassen und im Fond abkühlen. Herausnehmen, zupfen oder in Scheiben schneiden.
Mit Salz würzen, in Mehl wenden. Gleich danach in Butterschmalz vorsichtig goldgelb braten und anrichten. Frische Butter mit Mandeln rösten, auf das Bries geben.

Tellersülze vom Kabeljau mit Meerrettichsahne und Rote-Beete-Saft

Zutaten:
300 g Kabeljau (filetiert), ¾ l Fischfond, 1 TL Senfkörner (eingeweicht), Saft von ½ Zitrone, 80 g Butter, ½ Karotte, ¼ Lauchstange in feine Würfel geschnitten, ¼ Sellerieknolle, 3 Blatt Gelatine, 80 g Butter, 100 ml geschlagene Sahne, 60 g frisch geriebener Meerrettich, Salz, 1 Knolle Rote Beete, 1 Lorbeerblatt, 3 Nelken, 4 Wacholderbeeren, etwas Zucker, 100 g Blattsalate, Salz, Pfeffer, 1 Prise Zucker.

Zubereitung:
Den gewürzten Kabeljau mit etwas Weißwein auf einem gebutterten Blech dünsten und anschließend erkalten lassen. Danach das Filet mit einem Esslöffel vorsichtig in kleine Stücke zerteilen und in tiefen Tellern arrangieren.
Fischfond mit Gemüsewürfeln und Senfkörnern kurz aufkochen, nochmals mit Salz und Zitrone abschmecken und die eingeweichte Gelatine hinzufügen. In die Teller eingießen, bis der Kabeljau bedeckt ist. Kalt stellen, damit das Gelee anzieht.
Rote Beete schälen, würfeln und mit den oben genannten Gewürzen weich kochen. Anschließend pürieren, passieren und den Saft reduzieren lassen, evtl. nochmals abschmecken.
Meerrettichsahne herstellen, mit Teelöffeln abstechen und auf dem Gelee mit Rote-Beete-Saft anrichten. Kleines Salatbukett als Garnitur.

Winzersalat mit gebratenen Kalbsfüßen und Kalbsbriesmedaillons

Zutaten:
2 Kalbsfüße, etwas Wurzelgemüse, 1 Zwiebel, gespickt mit Nelke und Lorbeerblatt, Salz, Pfeffer, Nussöl, 100 g Kalbsbries, etwas geschlagene Sahne

Winzersalat: 1 Blatt Lollo rosso, 1 Blatt Romana, 1 Blatt Eichblatt, das Gelbe vom Frisée-Salat (oder andere Salate, je nach Saison), etwas Weinraute, etwas Pimpernelle, etwas kleinblättriges Basilikum; für das Dressing 1 Schalotte, 2 EL Balsamicoessig, 2 EL Brühe, 4 EL Nussöl, Salz und Pfeffer.

Zubereitung:
Die Kalbsfüße mit Wurzelgemüse und Spickzwiebel etwa 1 ½ Stunden weich kochen. In noch lauwarmem Zustand das Fleisch von den Knochen entfernen und über Nacht in eine Terrinenform pressen. Danach stürzen, in 1 cm dicke Scheiben schneiden und in heißem Nussöl braten. Mit Salz und Pfeffer würzen, 2 Esslöffel Kalbsjus darüber geben. Kalbsbries blanchieren, in der Sahne wenden und goldgelb braten.

Winzersalat: Salat und Kräuter waschen, abtropfen und anrichten. Die Schalotte klein schneiden, mit den restlichen Zutaten zum Dressing mischen, über die Salate geben. Kalbsfußscheiben und Kalbsbries darauf legen.

Lauwarm geräucherte Zanderterrine mit Gurkenmousse

Zutaten:
Zanderterrine: 200 g Zanderfilet, 200 g Fischfarce, Salz, Pfeffer, ½ EL Dill gehackt, 1 EL Gemüsewürfelchen, 2 EL Sägemehl zum Räuchern

Gurkenmousse: 1 Salatgurke, 1 Eigelb, 3 EL Sahne, Salz, Pfeffer, Dill, 1 Schalotte.

Zubereitung:
Zanderterrine: Den Fisch in daumendicke Stücke schneiden und würzen. Das Sägemehl in eine Pfanne geben und erhitzen, bis sich starker Rauch entwickelt. Nun ein Gitter hineinlegen und die Fischwürfel darauf platzieren. Zugedeckt 5 Minuten räuchern und anschließend ohne Hitzeeinwirkung 10 Minuten gehen lassen. Den Dill und die Gemüsewürfel mit der Farce vermischen. Zuletzt den abgekühlten Fisch hinzugeben und in eine Terrinenform umfüllen. Im Ofen (im Wasserbad) bei 120 °C pochieren.

Gurkenmousse: Salatgurke halbieren, entkernen und mit einem Perlenausstecher kleine Kugeln ausstechen. Den Rest der Gurke klein schneiden und mit Würfeln der Schalotte anschwitzen, kurz dünsten lassen. Dann alles pürieren, passieren und nochmals abschmecken und zum Schluss mit der Eigelb-Sahne-Mischung legieren (binden). Gurkenperlen und gehackten Dill erst kurz vor dem Servieren in die Sauce geben.
Alles lauwarm servieren.

Schnecken im Roggenweckle

Zutaten:
2 Dutzend Weinbergschnecken, 4 Roggenweckle, 1 Bund Schnittlauch, 1 Knoblauchzehe, 2 Schalotten, etwas Petersilie und Estragon, 2 EL Pernod, 40 g Butter, Salat der Saison zum Garnieren.

Zubereitung:
In einem Topf die Butter erhitzen und die fein gewürfelten Schalotten darin andünsten. Dann die Schnecken dazugeben und mit den fein gehackten Kräutern, dem durchgedrückten Knoblauch, dem Pernod sowie Salz und Pfeffer würzen. Ein paar Minuten leicht köcheln lassen, bis die Schnecken heiß sind.
Die Roggenweckle der Länge nach halbieren und unter dem Grill anrösten. Dann die heißen Schnecken auf die unteren Weckleseiten verteilen und nochmals kurz unter dem Grill überbacken. Herausnehmen, auf Teller legen und die obere Wecklehälfte leicht versetzt darauf legen. Mit etwas Salat garnieren.

Gebratene Blutwursträdchen auf Apfelschnitzen

Zutaten:
250 g feste, geräucherte Blutwurst, 2 säuerliche Äpfel, etwas Butter, 1 TL Majoran.

Zubereitung:
Die Äpfel schälen, achteln und das Kernhaus entfernen. Dann die Apfelspalten in einer Pfanne in etwas Butter andünsten, bis sie fast weich sind. Die Äpfel herausnehmen und auf vier Tellern kreisförmig verteilen. Dann die Blutwurst in Scheiben von etwa ½ Zentimeter Dicke schneiden, und diese Scheiben in derselben Pfanne bei starker Hitze von beiden Seiten kurz und kräftig kross anbraten. Dabei braucht man kein zusätzliches Fett mehr in die Pfanne zu geben, da sich aus der Wurst genug herausbrät. Die gebratenen Wurstscheiben auf die Äpfel gleichmäßig verteilen und mit dem Majoran bestreuen.

Schinkensäckchen mit Bibeliskäse gefüllt auf Himbeersoße

Zutaten:
8 große, dünn geschnittene Scheiben Schwarzwälder Schinken, 250 g Bibeliskäse (Quark oder Hüttenkäse), 1 Bund Schnittlauch, 1 Knoblauchzehe, 1 Schalotte, 200 g Himbeeren.

Zubereitung:
Den Bibeliskäse mit dem fein geschnittenen Schnittlauch (12 Schnittlauchstängel aufbewahren!), dem durchgepressten Knoblauch und der fein gewürfelten Schalotte sowie mit Salz und Pfeffer anmachen. Je nach Konsistenz eventuell noch etwas Milch dazugeben. Die Schinkenscheiben ausbreiten, auf jede ein Häufchen Bibeliskäse geben, die Schinkenscheibe zu einem Säckchen formen und mit einem Schnittlauchstängel zusammenbinden.
Die Himbeeren pürieren und durch ein Sieb drücken, so dass die Kernchen zurückbleiben. Auf jeden Teller etwas von dieser Himbeersoße verteilen und jeweils zwei Schinkensäckchen darauf setzen.

Seit die Eva hier bei uns auf dem Hof wohnt, lass' ich öfter mal das Fleisch weg. Frisches Gemüse mag sie am liebsten, vor allem Zucchini, Möhren und Tomaten. Das hat sie wohl von ihrer Mutter!

Frische Glottertäler Steinpilze in Rahmsauce mit Brezelknödel

Zutaten:
Steinpilze: 800 g frische Steinpilze, 60 g Butterschmalz, 200 g geräucherter Speck, Petersilie, Salz, Pfeffer.

Brezelknödel: 12 altbackene Laugenbrezeln, Petersilie, 2 EL Zwiebelwürfel, 2 Eier, ¼ l heiße Milch.

Rahmsauce: 40 g Butter, 2 reife Steinpilze, 1 Schalotte, 300 ml Sahne, 100 ml Weißwein.

Zubereitung:
Steinpilze: Pilze mit einem trockenen Tuch sauber abreiben, den Fuß mit einem Messer abschaben. Steinpilze in schöne Scheiben schneiden, in Butterschmalz goldbraun anbraten, Speckwürfel und gehackte Petersilie zugeben, mit Salz und Pfeffer würzen und vorsichtig durchschwenken.
Brezelknödel: Von den Brezeln das Salz abreiben, Brezeln in Scheiben schneiden. In eine Schüssel geben und mit der heißen Milch übergießen. Abgedeckt 15 Minuten ziehen lassen. Die Zwiebeln glasig andünsten und zu der fein gehackten Petersilie und den Eiern geben, die Masse durchkneten und Knödel formen. 10 Minuten in leichtem Salzwasser ziehen lassen.
Rahmsauce: Gehackte Schalotte mit der Butter anschwitzen, klein geschnittene Steinpilze zugeben, 5 Minuten schwitzen, mit Weißwein ablöschen, Sahne aufgießen und gut aufkochen lassen. Mit dem Pürierstab mixen, abpassieren, abschmecken und warm halten.
Pilze und Brezelknödel schön anrichten. Rahmsauce dazugeben.

Überbackene Käse-Kartoffeln

Zutaten:
Je nach Größe 8 bis 12 mittelfest kochende Kartoffeln, pro Kartoffelhälfte eine kleine Scheibe kräftiger Käse (Münsterkäse eignet sich sehr gut), 1 Bund Schnittlauch, etwas Butter.

Zubereitung:
Die Kartoffeln sauber abschrubben und in der Schale weich kochen. Dann die Kartoffeln der Länge nach halbieren und mit der Schnittfläche nach oben in eine feuerfeste, leicht ausgebutterte Form setzen. Nun wird auf jede Schnittfläche ein Scheibchen Käse gelegt, das so groß sein sollte, dass es diese Fläche bedeckt. Dann die Form auf der obersten Schubleiste in den auf 200 °C vorgeheizten Backofen schieben. Wenn der Backofen einen Grill hat, diesen einschalten. Sobald der Käse eine leichte Kruste gebildet hat, sind die überbackenen Kartoffeln fertig. Herausnehmen und mit grobem Pfeffer aus der Mühle würzen sowie den fein geschnittenen Schnittlauch darüber streuen. Dazu gehört unbedingt eine Schüssel mit grünem Salat.

Ragout von heimischen Pilzen mit Kräuterpfannküchle

Zutaten:

Pilzragout: Ca. 300 g Champignons, ca. 300 g Halimasch vom Schwarzwald, ca. 300 g Maronen, 50 g Butter, 3–4 kleine Schalotten, 300 ml Sahne, Salz, Pfeffer, nach Belieben frischer Bärlauch.

Kräuterpfannküchle: Ca. 10 EL Mehl, 150 ml Vollmilch, 3 Eier, Salz, Pfeffer, Kerbel, Schnittlauch, Petersilie.

Zubereitung:

Pilzragout: Pilze putzen, waschen, klein schneiden, in einem Sieb abtropfen lassen. Schalotten schälen und in kleine Würfelchen schneiden, in der Hälfte der Butter anschwenken. Pilze dazugeben und kurz anbraten, mit Salz und Pfeffer würzen. Zum Schluss geschlagene Sahne und die restliche Butter vorsichtig unterheben. Eventuell mit frischem Bärlauch garnieren.

Kräuterpfannküchle: Mehl in eine Schüssel sieben, in die Mitte eine Vertiefung drücken, Eier und Milch hineingeben und von der Mitte heraus zu einem glatten Teig verrühren. Mit Salz und Pfeffer würzen. Um Mehlklümpchen zu vermeiden und einen lockeren Teig zu erhalten, Teig durch ein feines Sieb passieren. Die Menge der Kräuter nach Belieben zugeben. Butter in einer kleinen Pfanne zergehen lassen, den Pfannkuchenteig dünn ausbacken.

Die Pfannküchle lassen sich gut vorbereiten und im Ofen warm halten.

Frischer Kaiserstühler Spargel im Blätterteig

Zutaten:
1 kg Spargel, 600 g Blätterteig, 8 Scheiben Wacholderschinken, 2 Karotten, 2 Knollen Sellerie, ca. 250 g Steinchampignons, Kerbel, Schnittlauch, ca. 60 g Butter, 1 Ei, 40 ml Sahne, 1 Bund Frühlingszwiebeln.

Zubereitung:
Den Spargel schälen und die Enden auf einheitliche Länge bringen. Wasser aufkochen und mit Salz, evtl. einer Prise Zucker und 30 g Butter abschmecken. Den Spargel einlegen, Hitze reduzieren, Spargel langsam gar kochen. Anschließend den Spargel herausnehmen und zum Abtropfen auf ein Küchentuch legen, damit der Blätterteig später nicht durchweicht. Karotten, Sellerie, Frühlingszwiebeln und Steinchampignons waschen, danach Karotten und Sellerie schälen. Gemüse in gleichmäßige Würfelchen schneiden, Karotten und Sellerie leicht vorkochen, anschließend alles miteinander kurz in Butter anschwenken und mit Salz und Pfeffer würzen. Kerbel und Schnittlauch unterheben und auf Küchenkrepp legen. Blätterteig zu 2 Rechtecken ausrollen (25 x 30 cm), je 2 Scheiben Schinken in die Mitte legen, je ein Viertel vom Gemüse darauf verteilen, dann den Spargel darauf setzen. Restliches Gemüse und den Schinken verteilen und leicht andrücken. Die Enden des Blätterteiges mit Eiweiß einpinseln und über dem Spargel zusammenklappen. Mit der Schnittfläche nach unten aufs Backpapier setzen und die Enden rechts und links mit einer Gabel leicht zusammendrücken. Überschüssigen Blätterteig entfernen und zum Verzieren verwenden. Den Blätterteig mit Eigelb-Sahne-Mischung bepinseln und ca. 25 Minuten bei 200 °C backen.
Dazu passt eine Sauce Hollandaise.

Grünkern-Gemüse-Pfanne

Zutaten:
200 g Grünkern (ganze Körner, nicht der Grünkernschrot), 1 kg gemischtes Gemüse (Paprika, Zucchini, Tomaten, Karotten, Erbsen, Spinat), 1 Zwiebel, 3 Knoblauchzehen, ½ l Gemüsebrühe, 1 TL Thymian, 4 Eier, Olivenöl.

Zubereitung:
Den Grünkern in der Gemüsebrühe garen, d. h. einmal aufkochen und dann etwa 40 Minuten bei ganz schwacher Hitze zugedeckt ausquellen lassen. In ein Sieb abschütten, die Brühe auffangen.
Das gesamte Gemüse putzen und in mundgerechte Stücke schneiden. Die Zwiebel und den Knoblauch sehr fein würfeln. In einer großen Pfanne mit hohem Rand etwas Olivenöl erhitzen, darin die Zwiebel und den Knoblauch andünsten und dann nach und nach die Gemüse dazugeben, zuerst die harten Sorten mit der längeren Garzeit wie Karotten und Paprika, die weichen wie die Tomaten zum Schluss. Wenn das Gemüse leicht angebraten ist, wird mit der Grünkern-Gemüse-Brühe abgelöscht und der Thymian dazugegeben. Dann kommt der Grünkern in die Pfanne dazu, und alles zusammen wird noch etwa 10 Minuten gedünstet. Mit Salz und Pfeffer abschmecken. Man kann das Gericht, je nach Menge der Brühe, eher etwas trocken oder etwas suppiger machen.
Zum Schluss werden vier Spiegeleier gebraten. Die Grünkern-Gemüse-Mischung auf Teller geben und je ein Spiegelei obenauf setzen.

Saure Schnippelbohnen mit Kartoffeln und Ei

Zutaten:
500 g Stangenbohnen, ¾ l Gemüsebrühe,
50 g Butter, 30 g Mehl, ¼ l Sahne, 2 TL scharfer Senf,
1 EL Essig, 1 EL Zitronensaft, 1 Spritzer Maggi,
1 Prise Zucker, 1 Bund Bohnenkraut,
800 g Kartoffeln, 4 Eier.

Zubereitung:
Die Bohnen werden gewaschen, geputzt und dann schräg in Streifen von etwa 1 Zentimeter Länge geschnitten. In einem Topf 20 g Butter erhitzen, die Bohnen tropfnass hineingeben, salzen, ½ Tasse Gemüsebrühe dazugeben und die Bohnen darin etwa 20 Minuten lang weich dünsten.
Für die Mehlschwitze 30 g Butter in einem Topf erhitzen, bis sie aufschäumt, das Mehl hineinsieben und bei milder Hitze so lange rühren, bis das Mehl die Butter vollständig aufgesogen hat. Die Butter sollte dabei nicht braun werden. Nun langsam und unter ständigem Rühren mit dem Schneebesen ½ Liter Gemüsebrühe einrühren. Diese Soße muss nun 15 Minuten köcheln. Falls sie zu dick wird, noch etwas Brühe drangeben. Nun die Sahne und den Senf einrühren und mit Essig, Zitronensaft, einem Spritzer Maggi und der Prise Zucker abschmecken. Dann die fertig gekochten Bohnen in die Soße geben und alles zusammen noch einmal kurz durchköcheln lassen. Ganz zum Schluss das frisch gezupfte Bohnenkraut dazugeben.
Als Beilage werden Pellkartoffeln und pro Person ein wachsweich gekochtes Ei serviert.

Ofenschlupfer

Zutaten:
6 alte Milchbrötchen, 6 große Äpfel, 3 Eier,
50 g Sultaninen, 1 TL Zimt, 3 EL Zucker, ½ l Milch.

Zubereitung:
Brötchen und Äpfel in mittlere Scheiben schneiden. Eine Auflaufform leicht fetten und mit einer Lage Brotscheiben, Apfelscheiben, Zimt und Sultaninen füllen, bis alles aufgebraucht ist. Jetzt werden Eier, Zucker und Milch verquirlt und darüber gegossen und die Butterflöckchen darauf verteilt. Die Form in den vorgeheizten Backofen geben und ca. eine Stunde bei 200 °C backen.

Kartoffel-Apfelgratin

Zutaten:
500 g mehlig kochende Kartoffeln, 500 g Äpfel, Salz, Pfeffer, Oregano, ca. ½ l Sahne.

Zubereitung:
Kartoffeln und Äpfel schälen. Von den Äpfeln das Kerngehäuse entfernen. Kartoffeln und Äpfel in dünne Scheiben schneiden, dachziegelartig in eine flache feuerfeste Form schichten, dabei jede Schicht mit Salz, Pfeffer und frischem Oregano würzen. Mit so viel Sahne auffüllen, dass sie die Oberfläche gerade bedeckt. Bei 180 °C 60 – 80 Minuten garen, bis die Kartoffeln weich sind.

Wie gut das riecht! Weder Blumenwiesen noch das satte Grün des Waldes können an einem lauen Sommerabend so verführerisch duften wie Würstchen, Koteletts und Bauchfleisch vom Grill! Karl macht seinem Namen als Grillmeister alle Ehre, und an einem solchen Abend bleibt meine Küche kalt!

Ente aus dem Backofen

Zutaten:
1 küchenfertige Ente mit Innereien, 400 g säuerliche Äpfel, 20 g Zucker, 2 Zweige frische Salbeiblätter, Salz, Pfeffer, 1 EL Öl, 100 g Zwiebeln, 1 Bund Suppengrün, 5 Zweige Thymian, 3/8 l Gemüsebrühe, 2 TL Tomatenmark, 1/8 l Portwein, 100 g gut gekühlte Butter.

Zubereitung:
Die Ente ausspülen und trocknen, noch vorhandene Federkiele mit der Pinzette herausziehen. Flügelspitzen und Hals abschneiden und zerkleinern. Fettdrüse herausschneiden und wegwerfen. Äpfel schälen, vierteln und Kerngehäuse entfernen, Apfelviertel in Spalten schneiden. Zucker in einem schweren Topf zu hellem Karamell schmelzen lassen, Äpfel kurz unterrühren und darin andünsten, bis der Karamell sich wieder gelöst hat. Blätter von einem Salbeizweig abzupfen. Mit dem Messer die Brusthaut der Ente an beiden Seiten etwas lösen, die Salbeiblätter zwischen Haut und Fleisch schieben, Entenfett abtrennen und zur Seite legen. Ente von innen und außen salzen und pfeffern, die Halsöffnung mit einem Zahnstocher zustecken, die karamellisierten Äpfel und den zweiten Salbeizweig in die Ente füllen, die Öffnung mit Zahnstocher zustecken und mit Küchengarn verschnüren. Den Schmortopf mit Öl bepinseln, Hals- und Geflügelklein sowie Innereien darin verteilen. Die Ente mit der Brust nach unten in den Schmortopf setzen, auf die zweite Einschubleiste von unten in den vorgeheizten Backofen schieben und bei 175 °C 25 Minuten braten.
Inzwischen Zwiebeln schälen und würfeln, Suppengrün putzen, waschen und fein würfeln. Entenfett in der Pfanne erhitzen und Zwiebeln und Suppengrün darin unter Wenden anrösten. Das angeröstete Suppengrün und den Thymian in den Schmortopf geben, 1/8 l Wasser angießen. Ente weitere 45 Minuten braten. Zwischendurch mit Bratenfond begießen.
Ente aus herausnehmen und im ausgeschalteten Backofen warm stellen. Überschüssiges Fett aus dem Schmortopf gießen, 3/8 l Geflügelbrühe dazugießen und die Röststoffe damit lösen. Den Bratenfond durch ein Sieb in einen Topf umgießen, Tomatenmark zugeben und 10 Minuten einkochen. Fond noch einmal entfetten, Portwein zugeben, die Sauce zum Kochen bringen und die Butter in Flöckchen einschwenken. Die Sauce abschmecken. Die Ente aufschneiden und mit der Sauce servieren.

Zitronenhähnchen

Zutaten:
2 frische Hähnchen, 2 Zweige Rosmarin, ¼ l Weißwein, Saft von ½ Zitrone, Öl.

Zubereitung:
Die Hähnchen zerlegen und alle Teile mit Salz einreiben. Dann die Teile mit einem Pinsel leicht mit Öl bestreichen und in eine feuerfeste Form legen, die so groß sein sollte, dass alles nebeneinander Platz hat. Den Wein angießen und den Zitronensaft über die Hähnchenteile träufeln. Die Rosmarinzweige zerteilen und zwischen die Hähnchenteile schieben. 40–50 Minuten im auf 200 °C vorgeheizten Backofen garen. Während der letzten 5 Minuten den Grill oder Oberhitze dazuschalten, damit die Haut schön braun wird.
Wenn die Bratform groß genug ist, kann man gleich noch Kartoffeln, die man in grobe Stücke geschnitten hat, zwischen die Hähnchenteile legen. Diese garen mit und sind gleichzeitig mit dem Fleisch fertig.

Hasenpfeffer

Zutaten:
1 junger Feldhase, abgezogen und ausgenommen und in Portionsstücke zerteilt, je 100 g Lauch, Karotten, Sellerie, 1 klein geschnittene Zwiebel, 1 Lorbeerblatt, 5 Pfefferkörner, 5 Wacholderbeeren, 1 Knoblauchzehe, ¼ l Essig, Salz, Zucker, ½ l Rotwein, 2 EL Tomatenpüree, 3 EL Mehl, Sauerrahm.

Zubereitung:
Gemüse und Gewürze mit Rotwein, Essig und ¼ l Wasser aufkochen, etwas abkühlen lassen. Den Hasen in eine Schüssel geben und mit dem Rotweinsud begießen. Abdecken, 2 Tage im Kühlschrank ziehen lassen. Hasen herausnehmen, trocken tupfen, salzen und im heißen Fett rundum anbraten. Fleisch herausnehmen und beiseite stellen. Gemüse und Gewürze aus dem Sud nehmen, zum Fett geben und leicht anrösten. Tomatenpüree mitrösten, mit Mehl bestäuben und mit dem Rotweinsud ablöschen. Glattrühren, aufkochen lassen, das Fleisch hineingeben und bei mittlerer Hitze 1 ½ Stunden köcheln lassen. Fleisch herausnehmen, abkühlen lassen, Fleisch von den Knochen ablösen. Sauce durch ein Sieb gießen, abschmecken, evtl. mit Speisestärke abbinden. Fleisch in mundgerechte Stücke schneiden, in die Sauce geben und mit Sauerrahm verfeinern.

Brägele-Pfännle mit Räucherspeck und Kräuterschnitzel

Zutaten:
12 Pellkartoffeln, 50 g Butter, 12 Scheiben Kochspeck (ca. 3 mm stark), 1 Zwiebel gewürfelt, 8 Nackenschnitzel à 40 g vom badischen Jungschwein, 4 EL Mehl, 3 Eier, 5 EL Semmelbrösel, Salz, Pfeffer, Petersilie, Schnittlauch, Rosmarin, Thymian und Kerbel.

Zubereitung:
Die Butter in der Pfanne erhitzen, die Zwiebelwürfelchen darin glasig werden lassen und die in Scheiben geschnittenen Pellkartoffeln dazu geben, salzen und pfeffern. Die Nackenschnitzel salzen und pfeffern, in Mehl, Ei und Semmelbrösel wenden. Die panierten Schnitzel in der Pfanne goldgelb ausbacken, mit den gehackten Kräutern bestreuen und im Backofen bei Oberhitze (höchste Stufe) gratinieren. Den Räucherspeck in der Pfanne schön anbraten. Zum Anrichten die Brägele in eine frische Pfanne geben und darauf Speck und Schnitzel anrichten.

Hirschfilet mit Cidreessig-Honigsauce

Zutaten:
600 g Hirschrückenfilet, Olivenöl, 1 cl Cidreessig, 1 TL Waldhonig, 150 ml Wildfond, 20 g Butter, Salz, Pfeffer.

Zubereitung:
Das Hirschrückenfilet in Olivenöl beidseitig scharf anbraten und im Backofen bei 150 °C ca. 15 Minuten garen. Danach das Filet warm halten, während man den Honig in der Pfanne zergehen lässt. Nun wird der Honig mit dem Bratensaft und dem Cidreessig abgelöscht, anschließend mit dem Wildfond aufgefüllt. Das Ganze auf ein Drittel einkochen lassen und mit dem Schneebesen die kalte Butter flöckchenweise unterrühren. Das Filet tranchieren, auf die Teller verteilen und mit der Sauce übergießen.

Geschmortes Schwarzwälder Hühnchen

Zutaten:
Hühnchen: 2 frische Hühnchen à 900 g, 1 Karotte, ½ Stange Lauch, 1 Stange Staudensellerie, 1 Zwiebel, Öl, ½ TL Tomatenmark, ¼ l trockener Rotwein, Salz, Pfeffer, 1 Zweig Rosmarin, 1 Zweig Thymian, 3 Lorbeerblätter.

Gemüse: 4 Lauchzwiebeln, 150 g Bohnen, je 1 Kopf Broccoli und Blumenkohl, 1 Karotte, 1 Kohlrabi, 2 Tomaten, 160 g frische Pilze (Steinchampignons).

Zubereitung:
Hühnchen: Brust und Keule von der Hühnerkarkasse lösen, bei der Keule zusätzlich die Schenkelknochen entfernen. Das Geflügel kalt stellen, Geflügelknochen klein hacken, in wenig Öl anrösten. Klein geschnittenes Gemüse von Lauch, Sellerie, Karotte und Zwiebel dazugeben und ebenfalls mitrösten. Tomatenmark hinzufügen und mit dem Rotwein ablöschen sowie mit ¼ l kaltem Wasser auffüllen. Das Ganze zum Kochen bringen, Sauce abschäumen, Hitze verringern und leicht weiterköcheln lassen. Thymian und Rosmarinsträußchen, Lorbeerblätter und Pfeffer dazugeben. Kochzeit ca. eine Stunde. 2 Esslöffel Mondamin mit etwas Rotwein anrühren, in die Sauce geben und leicht andicken.

Gemüse: In der Zwischenzeit das Gemüse waschen, klein schneiden und leicht vorgaren. Tomaten einritzen, kurz in kochendes Wasser geben, Haut abziehen, Kerngehäuse entfernen und achteln. Nun die Hühnerbrüste und -keulchen salzen und pfeffern und in einer Pfanne mit Butter leicht anbraten. Keulchen in die Sauce legen und etwa

10 Minuten schmoren. Das vorbereitete Gemüse mit Butter anschwenken und eventuell leicht nachwürzen. Die Pilze vierteln, ebenfalls anbraten und würzen. Die Sauce durch ein feines Sieb passieren. Je eine Hühnerbrust und Keule auf einen heißen Teller legen und die Sauce darüber gießen. Das Gemüse über das Geflügel verteilen und zum Schluss noch die Pilze darüber streuen.

Eingemachtes Kalbfleisch mit Nudeln

Zutaten:
800 g Kalbfleisch vom Bug, 1 Zwiebel, ½ Bund Petersilie, 1 Zitrone, 100 ml trockener Weißwein, ½ l Fleischbrühe, 2 EL saure Sahne, 50 g Butter, 5 EL Mehl, 3 Nelken, 2 Lorbeerblätter, 1 Messerspitze Safran, 700 g Nudeln, Salz.

Zubereitung:
Das Fleisch in gleichmäßige Würfel (ca. 3 x 3 cm) schneiden. Zwiebel schälen und fein hacken, Zitrone auspressen. Butter in einem Topf schmelzen und das Fleisch andünsten, ohne dass es braun wird. Die Zwiebel dazugeben und mitdünsten lassen, bis der Fleischsaft eingedünstet ist. Dann mit Mehl bestäuben und mit Weißwein und Brühe auffüllen. Nelken, Lorbeerblätter und Safran dazugeben und alles bei geringer Hitze köcheln lassen, bis das Fleisch weich ist (45–50 Minuten). Jetzt können die Nudeln in reichlich Salzwasser gekocht werden. Petersilie waschen, klein hacken und zum Fleisch geben. Kurz vor dem Servieren die Sahne unter das Fleisch rühren und mit Zitronensaft und Salz abschmecken, dann bis zur gewünschten Konsistenz einkochen lassen und servieren.

Gefülltes Kalbssteak

Zutaten:
4 Kalbsrückensteaks à 180 g, 4 Scheiben Schwarzwälder Schinken, 10–20 g Morcheln, 2 Schalotten, 100 g Butter, ⅛ l Durbacher Riesling, ¼ l Sahne.

Füllung: 50 g Kalbsleberwurst, 50 g Kochschinken in Würfeln, 50 g Reibekäse, 2 cl Cognac, 1 Ei.

Zubereitung:
Die Zutaten für die Füllung zu einer festen Masse verrühren. Kalbsrückensteak in der Mitte zu einer Tasche schneiden, mit je einer Scheibe Schwarzwälder Schinken auslegen und die Füllung zugeben, mit einem Zahnstocher zuhalten. Die gefüllten Kalbssteaks mit Salz und Pfeffer würzen, in etwas Butter beidseitig anbraten. Etwas gehackte Schalotten zugeben, glasig werden lassen, mit ⅛ l Wein ablöschen und mit ¼ l Sahne auffüllen. Deckel auf die Pfanne geben und etwa 5–8 Minuten ziehen lassen (nicht kochen). Die Kalbssteaks auf Tellern anrichten. In die Sauce die geputzten, gehackten Morcheln hinzugeben (leicht nachwürzen) und zum Schluss mit etwas frischer Butter anbinden und über das Fleisch geben.
Als Beilagen: hausgemachte Spätzle und Salate der Saison.

Geschmortes Kaninchen im Salzteig

Zutaten:
1 Kaninchen, Hals- und Bauchfleisch, 5 Schalotten in Streifen, 100 g Wurzelgemüse in ½ cm großen Würfeln, 200 g Kartoffeln in ½ cm großen Würfeln, 5 Knoblauchzehen, geschält und halbiert, 100 g frische Pilze, geputzt und gewaschen, 100 g flüssige Butter, 200 ml Riesling, 50 ml Brühe, Salz, Pfeffer, Muskat und etwas Pastetengewürz.

Salzteig: 400 g Salz, 400 g Mehl, 3 Eier, 150 ml Wasser.

Zubereitung:
Das Kaninchen völlig zerlegen und sorgfältig von Knochen und Sehnen befreien. Alles in eine Schüssel geben und gut miteinander vermischen. In eine Terrinenform schichten und mit Salzteig verschließen. Ca. 45 Minuten im Ofen bei 180 °C backen. Eventuell den Teig mit Alufolie abdecken. Nochmals 30 Minuten an einem warmen Platz ruhen lassen. Am Tisch den Salzteig öffnen und das Fleisch mit einem Löffel servieren.

Salzteig: Alle Zutaten miteinander vermischen und zu einem glatten Teig verkneten. Vor der Weiterverwendung eine Stunde ruhen lassen.

Kutteln in Nobling

Zutaten:
800 g frische, vom Metzger vorgekochte Kutteln,
50 g Schalotten, 50 g Kochbutter, 250 ml Sahne,
50 g kalte Butter, ¼ l Nobling trocken,
100 g Wurzelgemüse in sehr feine Würfelchen
geschnitten (Karotten, Lauch, und Sellerie),
Salz, Pfeffer aus der Mühle,
Trockenbeerenauslese-Essig oder milder Sherry-Essig,
100 ml Nobling Extra Brut Winzersekt.

Zubereitung:
In einem Topf Schalotten und Wurzelgemüse in Butter glasig anziehen lassen, mit Nobling ablöschen, die Kutteln und die Sahne dazugeben und ca. 4 Minuten kochen lassen. Die Sauce in einen anderen Topf absieben, vorsichtig bis zu einer sämigen Sauce reduzieren und mit dem Essig abschmecken. Mit dem Zauberstab (Pürierstab) die kalte Butter in die Sauce einarbeiten, mit Salz und Pfeffer abschmecken. Zum Schluss einen guten Schuss Noblingsekt extra Brut aufgießen und über die Kutteln geben.
Dazu passen neue Kartoffeln, die in der Pfanne leicht angebraten werden.
Die Kutteln schmecken auch mit Grauburgunder. Der Kick bei diesem Gericht ist der Noblingsekt, der die Sauce wunderbar aufschäumen lässt.

Lammrückenfilet mit Brotkruste in Spätburgundersauce, Gemüse und Kartoffelwaffeln

Zutaten:
Lammrückenfilet: 600 g Lammfilet, 300 g Winzerbrot (dunkles Holzofenbrot), ¼ l Rotwein, 3 Eigelb, 1 EL Senf, Basilikum, Thymian, Knoblauch, ½ l kräftige Lammjus

Gemüse: Insgesamt 1 kg Zucchini, Auberginen, Karotten, Paprika, Tomaten, Olivenöl.

Kartoffelwaffeln: 125 g gekochte Kartoffeln, 25 g Butter, 125 g Crème fraîche, 50 g Mehl, ¼ l Milch, 20 g Hefe, 3 Eigelb, Eiweiß steif geschlagen, Muskat, Majoran.

Zubereitung:
Lammrückenfilet: Das Lammfilet mit Salz und Pfeffer würzen, in Butter anbraten und abgedeckt beiseite stellen. Das vorher in Würfel geschnittene Winzerbrot mit dem Rotwein, Eigelb, Senf und den Kräutern vermengen. Die Masse auf das Lammfilet streichen und im Grill goldbraun überbacken.

Gemüseperlen: Die Gemüse mit dem Parisiennelöffel ausstechen oder fein würfeln, mit Olivenöl anschwitzen, würzen mit Salz und Pfeffer, bissfest garen.

Kartoffelwaffeln: Aus den Zutaten eine homogene Masse herstellen und in einem Waffeleisen zu Waffeln ausbacken.

Das Lammfilet auf Tellern anrichten, mit der Lammjus überziehen, die Gemüseperlen auf den Tellern verteilen und die Waffeln dazulegen.

Ochsenschwanzragout in badischem Spätburgunder geschmort mit hausgemachten Laugenknödeln

Zutaten:
Ochsenschwanzragout: ca. 2 kg Ochsenschwanz (beim Metzger vorbestellen und zerteilen lassen), 1 Stange Lauch, 4 Karotten, 1 Sellerie, 3 Zwiebeln, 4 Tomaten, 2 EL Tomatenmark, ½ l Rotwein Spätburgunder trocken, 1 l Fleischbrühe, Salz, Pfefferkörner, Wacholderbeeren, Lorbeerblätter, Nelken, Kümmel ganz, Schale von einer Zitrone, Paprikapulver edelsüß.

Laugenknödel: 6 Laugenbrötchen vom Vortag, in kleine Würfel geschnitten, ½ Zwiebel in Würfelchen, 150 ml Milch, 2 Eier, 3 EL Mondamin, frisch gehackte Petersilie.

Zubereitung:
Ochsenschwanzragout: Den Ochsenschwanz in einem flachen Bratentopf im auf 200 °C vorgeheizten Backofen anbraten. Danach mit Salz, Pfeffer und Paprika würzen. Nun das gewaschene und klein geschnittene Gemüse dazugeben und mitrösten. Die Tomaten und das Tomatenmark hinzufügen, kurz anrösten, mit Rotwein ablöschen und mit der Fleischbrühe auffüllen. Die Gewürze wie Pfefferkörner, Wacholderbeeren, Lorbeerblätter, Nelken, den ganzen Kümmel und die Schale von der Zitrone hinzufügen und im Ofen bei ca. 180–200 °C schmoren lassen. Nach ungefähr einer halben Stunde die Hitze auf ca. 140 °C verringern und langsam weiterschmoren. Hin und wieder umrühren und gegebenenfalls mit Flüssigkeit auffüllen. Die Garzeit beträgt je nach Größe der Fleischstücke ca. 4 Stunden. Das Ragout ist fertig, wenn sich das Fleisch vom Knorpel lösen lässt. Den Ochsenschwanz herausnehmen, in einen Topf geben und die abgeschmeckte Sauce darüber gießen.

Laugenknödel: Laugenbrötchen in Würfel schneiden, die warme Milch darüber geben. Die in Butter angedämpften Zwiebelwürfelchen, die gehackte Petersilie, Eier und Mondamin dazugeben, leicht würzen und alles miteinander verkneten. Teig kurz ruhen lassen, dann zu Klößen formen. Leicht gesalzenes Wasser zum Kochen bringen, Knödel einlegen, Hitze reduzieren und ca. 15–20 Minuten je nach Größe fertig garen.

Perlhuhn mit Weintraubenkraut

Zutaten:
1 Perlhuhn à 1,2 kg, 2 EL Butterschmalz, Salz, Pfeffer, ½ l Bratensauce.

Weintraubenkraut: 500 g frisches Sauerkraut, 1 fein geschnittene Zwiebel, 1 EL Schweineschmalz, ½ l Apfelsaft, ⅛ l Weißwein, Salz, Pfeffer, 1 rohe Kartoffel, 30 frische kernlose Weintrauben, etwas Butter.

Zubereitung:
Perlhuhn innen und außen würzen. In heißem Butterschmalz anbraten und im Backofen bei 200 °C in ca. 30 Minuten fertig braten. Ab und zu mit Bratfett übergießen. Herausnehmen, 15 Minuten ruhen lassen, halbieren und die Knochen auslösen.

Für das Weintraubenkraut eine fein geschnittene Zwiebel in Schweineschmalz hell andünsten, Sauerkraut zugeben, mit Apfelsaft und Weißwein ablöschen, mit Salz und Zucker würzen und 30 Minuten sanft köcheln lassen. 10 Minuten vor Garende eine fein geraspelte rohe Kartoffel zugeben. Mit Salz und Zucker abschmecken. Von 30 frischen Weintrauben die Haut abziehen und in Butter schwenken. Über das angerichtete Kraut geben. Dazu ein feines Kartoffelpüree servieren.

Rehrücken im Pilzmantel mit glasierten Äpfeln

Zutaten:
800 g Rehrückenfilet (sauber abpariert), 200 g Pfifferlinge, 100 g Champignons, 2 EL fein gehackte Kräuter (Kerbel, Petersilie, Basilikum), 4 – 5 große Wirsingblätter, 1 Schweinenetz.

Wildfarce: 100 g Wildfleisch vom Reh, 50 g mageres Schweinefleisch, 100 ml Sahne, 1 Scheibe Toastbrot, 1 Ei, 2 cl Portwein rot, Salz und Pfeffer aus der Mühle.

Zubereitung:
Wildfarce: Wildfleisch, Schweinefleisch und die Scheibe Toastbrot in Würfel schneiden. Mit Salz und Pfeffer würzen. Portwein dazugeben und 15 Minuten sehr kalt stellen. Danach das Ganze mit Sahne und dem Ei zu einer homogenen Masse aufmixen und abschmecken.

Rehfilet: Das Rehfilet in einer heißen Pfanne kurz von allen Seiten anbraten, würzen und kalt stellen. Die geputzten Pilze fein schneiden und kurz in heißer Butter anschwenken. Die Wirsingblätter in Salzwasser weich kochen und mit Eiswasser abschrecken. Auf Küchenpapier gut abtrocknen und den Strunk entfernen. Die Pilze mit der Wildfarce gut vermischen und die gehackten Kräuter dazugeben. Nun die Wirsingblätter zu einem Rechteck zusammenlegen, würzen und mit der Pilzfarce bestreichen. Das angebratene Rehrückenfilet auf die Masse legen und die Wirsingblätter um das Filet einschlagen. Das Ganze in das zuvor ausgebreitete Schweinenetz einrollen. Bei 200 °C ca. 15 Minuten im Ofen braten.
Dazu passen Rosenkohl oder Rotkraut, ferner hausgemachte Spätzle oder Schupfnudeln.

Lammhäxle geschmort

Zutaten:
4 Lammhäxle, 1 Karotte, 1 Zwiebel, 1 Stück Sellerieknolle, 4 Knoblauchzehen, 1 EL Tomatenmark, 100 ml Spätburgunder Rotwein, ½ l Fleischbrühe, 1 Lorbeerblatt, je 1 Zweig Rosmarin und Thymian.

Zubereitung:
Die Häxle enthäuten, mit Salz und Pfeffer einreiben und in einem großen, schweren Topf von allen Seiten anbraten. Die Häxle herausnehmen und das in Würfel geschnittene Gemüse (Karotte, Zwiebel, Sellerie) in den Topf geben und braun anbraten. Das Tomatenmark dazugeben, mit anrösten und dann mit dem Rotwein ablöschen. Unter Rühren alles einkochen lassen, bis der Rotwein fast verdunstet ist. Nun mit der Fleischbrühe auffüllen. Wenn oben eine Fettschicht schwimmt, diese mit einer Schöpfkelle abnehmen. Nach dem Aufkochen alle Gewürze dazugeben und den Knoblauch hineindrücken. Nun die Lammhäxle in den Topf zurückgeben. Diese sollen gerade so mit Flüssigkeit bedeckt sein, eventuell noch etwas Brühe dazugeben. Den Deckel auf den Topf setzen und in den auf 200 °C vorgeheizten Backofen schieben und dort 1–1 ½ Stunden schmoren lassen. Dann die Häxle herausnehmen und warm stellen, die Soße durch ein Sieb abgießen und auf großer Flamme um mindestens die Hälfte einkochen. Mit Salz und Pfeffer abschmecken, eventuell mit etwas Stärke abbinden.
Als Beilage passen am besten Bohnengemüse und ein Kartoffelgratin.

Rindermedaillons unter der Bärlauchkruste mit Burgundersauce und Saisongemüse

Zutaten:
4 Rindermedaillons à 180 g, 100 g gewaschene Bärlauchblätter, 2 Schalotten, ⅛ l trockener Spätburgunder, 200 ml Kalbsjus.

Zubereitung:
Rindermedaillons auf jeder Seite 3 Minuten heiß anbraten. Aus der Pfanne nehmen und auf ein Backblech legen. Die Pfanne, in der die Medaillons gebraten worden sind, mit Rotwein ablöschen und Kalbsjus dazugeben. Kurz einkochen lassen.
Für die Bärlauchkruste Schalotten fein hacken, mit wenig Butter glasig dünsten und den fein geschnittenen Bärlauch dazugeben. Kurz andünsten und die Rindermedaillons gleichmäßig damit bestreichen. Mit ein wenig geriebenem Weißbrot bestreuen.
Die Rindermedaillons ca. 3 Minuten unter dem Grill überbacken. Burgundersauce auf den Tellern verteilen, Gemüse nach Wahl rundherum am Tellerrand verteilen und das Rindermedaillon in die Mitte des Tellers legen.

Kalbshaxenscheiben

Zutaten:
1 Kalbshaxe, die man sich vom Metzger in etwa
5 Zentimeter dicke Scheiben sägen lässt,
500 g Möhren, 300 g Staudensellerie, 500 g Tomaten,
3 Schalotten, 3 Knoblauchzehen, 1 Bund Petersilie,
2 Lorbeerblätter, je 1 EL Thymian und Rosmarin,
¼ l trockener Rotwein, Olivenöl.

Zubereitung:
Möhren, Sellerie, Schalotten und den Knoblauch putzen und fein würfeln, die Petersilie hacken. In einem großen, schweren Schmortopf die Beinscheiben auf beiden Seiten in Olivenöl kräftig braun anbraten. Da sich die Scheiben dabei wölben und nicht mehr flach auf dem Topfboden aufliegen empfiehlt es sich, den Hautrand der Scheiben zuvor mit einem scharfen Messer an drei oder vier Stellen durchzuschneiden. Das Fleisch herausnehmen, den Bratensatz mit dem Wein ablöschen, das Gemüse und die Kräuter dazugeben, salzen, pfeffern und zehn Minuten unter gelegentlichem Umrühren andünsten. Dann werden die Beinscheiben auf dieses Gemüsebett gelegt; wenn genügend Platz ist, möglichst nebeneinander. Nun die Tomaten achteln und gleichmäßig auf das Fleisch verteilen.
Den Topf mit dem Deckel schließen und in den auf 175 °C vorgeheizten Backofen schieben. Gelegentlich nachschauen, ob noch genug Flüssigkeit im Topf ist und bei Bedarf noch etwas Wein oder Brühe nachgießen. Die Garzeit im Ofen beträgt etwa 1 ½ Stunden.
Durch das gemeinsame Schmoren von Fleisch und Gemüse hat sich eine schmackhafte, sämige Soße gebildet, die nur noch mit Salz und Pfeffer abgeschmeckt werden muss. Am besten bringt man das Gericht im Schmortopf auf den Tisch. Als Beilage passen Reis oder Kartoffeln.

Schweineschnitzel mit Gelberübenpanade und Speckbrägele

Zutaten:
4 magere Schweineschnitzel aus dem Rücken (à 180–190 g), ½ Bund Schnittlauch, 200 g Karotten, 1 kg festkochende Kartoffeln, 1 Zwiebel, 100 g durchwachsener Speck, 300 g Weckmehl, 150 g Mehl, 2 Eier, Salz, Pfeffer, 100 g Butter.

Zubereitung:
Die Kartoffeln gut waschen und mit reichlich Wasser kochen. Diese Arbeit kann auch schon ein bis zwei Tage vorher erledigt werden. Die Kartoffeln gleich nach dem Kochen schälen, wenn sie noch gut warm sind (dann lassen sie sich am besten schälen) und in Scheiben schneiden. Die Zwiebel schälen und in nicht zu kleine Würfel schneiden, da sie sonst beim Anbraten in der Pfanne zu schnell verbrennt. Den Speck in zarte Streifen schneiden. Den Schnittlauch waschen, mit Küchenkrepp wieder vorsichtig trocken tupfen und in zarte Röllchen schneiden. Die Karotten schälen und mit grober Raspel hobeln. Weckmehl, Karotten und Schnittlauch in einem tiefen Teller miteinander vermischen. Das Mehl in einen Teller geben und die Eier in einem tiefen Teller aufschlagen. Das Schnitzel leicht flach klopfen, salzen und pfeffern, im Mehl und Ei wenden und anschließend in der Panadenmischung wälzen.
Nun die Butter in der Pfanne erhitzen und die Kartoffelscheiben leicht anbraten, Zwiebelwürfel und Speck dazu und alles zusammen knusprig-braun backen. Inzwischen in einer anderen Pfanne die Schnitzel goldgelb backen.

Spanferkelkotelett mit Senfkruste in Kümmelsauce mit Weißkraut und Kartoffelpüree

Zutaten:
Koteletts: 8 Spanferkelkoteletts à 120 g, 200 g Senf, 60 g Mie de pain (feine Weißbrotkrumen), 50 g Crème fraîche, Salz, Pfeffer, Petersilie.

Kümmelsauce: ½ l Bratensauce, Kümmel, 1 Tasse Malzbier, 2 EL Zwiebelwürfel.

Weißkraut: 800 g Weißkraut, 2 EL Zwiebeln, 2 EL Speckwürfel, 100 g Schweineschmalz, Salz, Zucker, Kümmel, etwas Weißwein.

Zubereitung:
Koteletts: Senf, Mie de pain, Crème fraîche und Petersilie verrühren. Koteletts würzen und rosa braten. Senfmasse ½ cm dick aufstreichen und im heißen Ofen bei 250 °C überkrusten.

Kümmelsauce: Zwiebelwürfel glasig dünsten, Kümmel zugeben, mit dem Malzbier ablöschen und mit Bratenfond aufgießen, 10 Minuten köcheln lassen.

Weißkraut: Kohl mit einem Hobel in feine Streifen schneiden. Zwiebeln und Speckwürfel mit Schweineschmalz hell anschwitzen. Kohl dazugeben, mit Salz, Zucker und etwas Kümmel würzen, 3–4 Minuten schwitzen lassen. Mit Weißwein ablöschen und 30 Minuten langsam köcheln lassen.
Dazu passt Kartoffelpüree.

Schwarzwälder Eintopf

Zutaten:
500 g gut abgehangenes Hirschfleisch,
2 EL Schweineschmalz, 100 g geräucherter,
durchwachsener Speck, 3 große Zwiebeln,
1/8 l Spätburgunder Rotwein, 1 EL Tomatenmark,
2 l Fleischbrühe, 4 Kartoffeln, 2 Karotten,
50 g weiße Bohnen, 50 g Wachtelbohnen, 50 g Linsen,
50 g grüne, frische Erbsen, 5 Wacholderbeeren,
2 Lorbeerblätter, 2 Knoblauchzehen, je 1 Zweig Thymian
und Rosmarin, 1/2 Becher Sauerrahm, Preiselbeeren,
etwas klein geschnittener Schnittlauch.

Zubereitung:
Die Bohnen und Linsen mindestens 24 Stunden in kaltem Wasser einweichen.
Das Hirschfleisch in Würfel (Ragout-Größe) schneiden, im heißen Schweineschmalz anbraten und mit Salz und Pfeffer würzen. Den dabei entstehenden Fond einkochen lassen. Danach Speck und Zwiebeln fein würfeln, dazugeben und mit anrösten. Mit dem Rotwein ablöschen und das Tomatenmark hineinrühren, alles einkochen lassen und dann mit der Fleischbrühe auffüllen, aufkochen und die eingeweichten Bohnen und Linsen dazugeben. Nach etwa 30 Minuten die gewürfelten Kartoffeln und Karotten sowie die Erbsen dazugeben, ebenso die Kräuter und Gewürze. Den Knoblauch hineindrücken und alles köcheln lassen, bis das Fleisch weich ist. Die gesamte Kochdauer liegt bei 1–1 1/2 Stunden.
Den Eintopf in Teller schöpfen und jeweils einen Teelöffel Sauerrahm und Preiselbeeren darunter rühren und damit verfeinern. Etwas Schnittlauch obenauf streuen.

Gefüllte Kohlrabis

Zutaten:
8 Kohlrabis, 500 g gemischtes Hackfleisch,
1 Zwiebel, 1 Ei, 1 EL scharfer Senf, 2 Scheiben Toastbrot,
1 TL Majoran, 1 Becher Sahne, 1/8 l Weißwein,
Saft von 1/2 Zitrone, Muskat.

Zubereitung:
Die Kohlrabis schälen, die Blätter abschneiden (sie werden beiseite gelegt) und etwa 30 Minuten in kochendem Salzwasser garen. Das Kochwasser nicht wegschütten.
In der Zwischenzeit das Hackfleisch, die fein gewürfelte Zwiebel, den Senf, das in kleine Würfel geschnittene Toastbrot, das Ei und den Majoran in einer Schüssel gut miteinander verkneten und mit Salz und Pfeffer abschmecken. Von den gekochten Kohlrabis den Deckel abschneiden, mit einem Teelöffel die Kohlrabis aushöhlen und die Hackfleischmasse hineinfüllen. Den Deckel wieder aufsetzen und dann die Kohlrabis in eine feuerfeste Form setzen. Etwas vom Kochwasser dazugeben und für 20 Minuten in den auf 190 °C vorgeheizten Backofen schieben. In dieser Zeit wird aus dem restlichen Kohlrabi-Kochwasser, dem Wein und der Sahne eine Soße gekocht, die eventuell mit etwas Soßenbinder angedickt werden kann. Mit Salz, Pfeffer, Muskat und dem Zitronensaft abschmecken.
Wenn die Kohlrabis aus dem Ofen kommen, wird die Soße darüber gegossen und das in feine Streifen geschnittene Kohlrabigrün darüber gestreut. In der Form servieren. Dazu passen gut Pellkartoffeln.

St. Petermer Täubchen im Trüffelsud geschmort

Zutaten:
4 junge Tauben, 200 ml dunkler Gemüsefond, 100 g Butter, 50 ml Portwein, 50 ml Spätburgunder Rotwein, 20 g Trüffel gehackt, 20 ml Trüffelsaft, 3 Schalotten, Rosmarin, Thymian, Knoblauch, Lorbeerblatt, Salz, Pfeffer, Öl zum Anbraten.

Zubereitung:
Die Tauben würzen und in einer Kasserolle von allen Seiten gut anbraten. Herausnehmen und beiseite stellen. Das restliche Öl angießen. In derselben Kasserolle mit der Hälfte der Butter die Gewürze und Schalotten glasig anschwitzen, mit Rotwein und Portwein ablöschen und reduzieren. Den Geflügelfond und den Trüffelfond aufgießen, die Tauben dazusetzen. Für etwa 15 Minuten an einem warmen Platz ruhen lassen. Den Schmorfond passieren und mit Butter und Trüffel fertig stellen. Die Tauben auslösen und mit dem Schmorfond anrichten. Dazu passen Saisongemüse, Schupfnudeln oder Gnocchi.

Wildhasenfilet in Haselnusscrêpes mit Feigensauce

Zutaten:
Hasenrücken: 2 Wildhasenrücken filetiert und pariert, 80 g Butterschmalz, 200 g Wirsing, 50 g gekochter Schinken in feinen Würfeln, 2 Schalotten in Würfeln, ¼ l Sahne, Salz, Pfeffer, Muskat.

Haselnusscrêpes: 75 g Mehl, 200 ml Milch, 3 Eier, 1 TL Haselnussöl, 50 g gemahlene Haselnüsse, 10 g Salz.

Feigensauce: 2 Feigen geschält und gewürfelt, ¼ l Rotwein, 1 Sternanis, 1 EL Senfpulver, 2 zerdrückte Pfefferkörner, 30 g Zucker, 1 TL Zitronenschale, 60 ml guter Portwein, Salz, Pfeffer, Zucker.

Zubereitung:
Hasenrücken: Die Wildhasenfilets mit Salz und Pfeffer würzen und kurz rundherum in Butterschmalz anbraten. Aus der Pfanne nehmen und zur Seite stellen.
Den Wirsing ganz fein hacken und mit dem Schinken und den Schalottenwürfeln in Butterschmalz anschwitzen. Die Sahne zugeben und mit Salz, Pfeffer und Muskat würzen und einkochen, bis der Wirsing cremig ist.

Crêpes: Alle Zutaten zu einem glatten Teil rühren und dann von diesem Teig dünne Pfannkuchen backen.

Feigensauce: Alle Zutaten ca. 5 Minuten langsam köcheln und danach durch ein feines Haarsieb streichen und mit Portwein, Salz, Pfeffer und Zucker abschmecken.
Den Wirsing auf den Pfannküchle dünn ausbreiten, darauf die Hasenfilets legen und das Ganze zusammenwickeln. Die gefüllten Crêpes in gebutterte Alufolie einschlagen und ca. 12 Minuten im 180 °C heißen Ofen rosa garen. Herausnehmen und 5 Minuten vor dem Anschneiden ruhen lassen. Mit der Feigensauce und den Blattsalaten anrichten.

Geschmorte Zickleinschulter mit Gemüse

Zutaten:
1 Zickleinschulter, 3 Schalotten, 60 g Perlzwiebeln,
2 Karotten, ½ Staudensellerie, 4 Stangen Lauch,
2 Knoblauchzehen, Thymian, Rosmarin,
¼ l Zickleinfond, ¼ l trockener Weißwein.

Zubereitung:
Zickleinschulter mit Salz und Pfeffer würzen und in der Pfanne in Olivenöl anbraten. Bei 180 °C 20 Minuten braten lassen, danach umdrehen und das Gemüse sowie den Knoblauch zufügen. Mit dem Wein begießen und den Topf mit dem Deckel schließen. Etwa 40 Minuten schmoren lassen. 10 Minuten vor dem Ende der Garzeit die Kräuter dazugeben. Fleisch aus der Sauce nehmen und warm halten. Sauce etwas einkochen. Das ausgelöste Fleisch mit Sauce und Gemüse auf den Tellern anrichten.

Bei so einem süßen Ferkelchen kann einem der Appetit auf Schweinebraten schon mal vergehen! Da isst Monique doch lieber Fisch. Oft bin ich von ihren französischen Rezepten so begeistert, dass ich sie gleich ausprobiere.

Soufflierte Bachforellenfilets mit Sauerampfersauce

Zutaten:
8 Bachforellenfilets à 80 g, 150 g Butter,
¼ l Weißwein (Riesling), Salz, Pfeffer.

Farce: 250 g Forellenfleisch ohne Gräten, 1 Ei, ¼ l Sahne,
Salz, Pfeffer aus der Mühle, 1 Zweig Dill.

Sauerampfersauce: etwas Butter, 2 Schalotten,
4 Blatt Sauerampfer, 100 ml Weißwein, 100 ml Fischfond,
100 ml Sahne, Salz, Pfeffer, ½ Zitrone.

Zubereitung:
Farce: Das Forellenfleisch und das Ei mit dem Mixer pürieren. Nach und nach die Sahne dazugeben, so dass eine homogene Masse entsteht. Darunter den gehackten Dill geben.

Forellenfilets: Die Farce ca. ½ cm dick auf die Filets der Bachforellen streichen. Die Filets mit der Hautseite nach unten in eine flache, gebutterte Auflaufform legen und mit dem Weißwein angießen. Bei 220 °C 10 Minuten im Backofen garen.

Sauerampfersauce: Schalotten in Butter anschwitzen und mit Weißwein und Fischfond ablöschen. Das Ganze reduzieren lassen, mit Sahne auffüllen und kurz einkochen. Dann die Sauce passieren und mit Salz, Pfeffer und Zitronensaft abschmecken. Zum Schluss die fein geschnittenen Sauerampferstreifen dazugeben.

Bachsaibling mit Schwarzwurzeln und mit Schalotten aufgeschlagener Nussölsauce

Zutaten:
8 Saiblingsfilets, 400 g geputzte Schwarzwurzeln,
1 Zitrone, 50 g Butter, 150 ml Weißwein, Salz und Zucker.

Nussölsauce: 200 ml Fischfond, 50 g Schalottenwürfel,
50 ml Sahne, 50 ml Haselnussöl.

Zubereitung:
Saibling filetieren, entgräten und die Haut abziehen. In portionsgroße Stücke schneiden. Mit Salz und Zitrone würzen.
Geputzte Schwarzwurzeln mit dem Schäler in Tagliatelle schneiden. Kurz blanchieren und in der Pfanne mit Butter, Salz und etwas Zucker langsam glasieren, bis sie weich sind. Schwarzwurzeln um die Saiblingsfilets wickeln und auf ein gebuttertes Blech setzen, etwas Weißwein angießen. Schalotten mit Schale ca. 10 Minuten im heißen Ofen weich garen. Schälen und in Stücke schneiden. Schalotten mit Butter, etwas Salz und Zucker langsam karamellisieren.

Nussölsauce: Schalotten im Haselnussöl anschwitzen, mit Fischfond auffüllen und um die Hälfte reduzieren. Sahne dazugeben, nochmals aufkochen, mixen und mit Salz und Pfeffer abschmecken.

Forelle aus der Folie

Zutaten:
4 mittelgroße Forellen, 4 Zweige Dill, Saft von einer Zitrone, 250 g Butter, 1 kg Kartoffeln, Alufolie.

Zubereitung:
Die vom Fischhändler schon ausgenommenen Forellen unter fließendem Wasser gründlich abspülen, innen und außen salzen und pfeffern und mit Zitronensaft beträufeln. Jeweils einen Dillzweig in die Bauchtasche stecken, und dann jede Forelle einzeln in Alufolie einwickeln. Diese Päckchen nebeneinander auf das Backblech legen und für rund 20 Minuten in den auf 200 °C vorgeheizten Backofen schieben. In dieser Zeit Salzkartoffeln kochen und die Butter schmelzen. Die Forellen aus der Folie wickeln, auf vorgewärmte Teller legen und die zerlassene Butter über die Forellen und die Kartoffeln gießen.

Fischragout

Zutaten:
1 kg Seelachsfilet, 1 Zwiebel, 200 g Karotten, 300 g Brokkoli, 250 g Kartoffeln, ½ l Gemüsebrühe, ⅛ l trockener Weißwein, 1 Becher Sahne, 1 Bund Dill, Saft von ½ Zitrone, 1 Zweig Thymian, etwas Butter.

Zubereitung:
Die Karotten in feine Scheiben hobeln, den Brokkoli in kleine Röschen zerlegen, die Kartoffeln grob, die Zwiebel fein würfeln. Dill und Thymian fein hacken. In einem großen Topf werden die Zwiebelwürfel zusammen mit dem Gemüse in Butter kurz angedünstet. Mit Gemüsebrühe und Wein aufgießen, salzen, pfeffern und den Thymian dazugeben. Etwa 15 Minuten köcheln lassen, bis das Gemüse gar ist, aber noch Biss hat.
Den Fisch waschen, mit Zitronensaft beträufeln und in mundgerechte Stücke schneiden. Die Sahne zum Gemüse gießen und die Fischstücke hineingeben. Diese etwa sechs bis sieben Minuten ziehen lassen, nicht mehr aufkochen, da sonst der Fisch zerfällt. Zum Schluss den fein gehackten Dill dazugeben. Eventuell mit noch etwas Zitronensaft abschmecken. Dazu passen Salzkartoffeln oder einfach ein Stück Weißbrot.

Eglifilet mit Waldmeister und Nudeln, Sauce Mousseline

Zutaten:
600 g Eglifilet, 4 Stängel Waldmeister, 300 g Nudelteig.

Sauce: 125 g flüssige Butter, 4 Eigelb, 40 ml Weißwein, 10 ml Weißweinessig, ½ Zitrone, 1 l Fischfond, 1 EL geschlagene Sahne.

Zubereitung:
Eglifilets: Nudelteig in hauchdünne Platten ausrollen. Eglifilets portionieren und mit Salz und etwas Zitrone würzen. Gezupften Waldmeister zusammen mit den Eglifilets mit dem Nudelteig umschließen. Das gefüllte Nudelblatt ca. 8 Minuten in siedendem Fischfond pochieren.

Sauce: Die Eigelb mit dem Weißwein und dem Essig über Wasserdampf schaumig schlagen. Die flüssige Butter dazurühren, mit Zitrone und Salz würzen und mit geschlagener Sahne fertigstellen.

Eglifilet in Bierteig mit kalter Kapernsauce

Zutaten:
8 Eglifilets.

Bierteig: 100 g Mehl, 200 ml Bier, 2 Eier, 1 Prise Salz.

Kapernsauce: 4 EL frische Mayonnaise, 2 EL Kapern, 1 EL Tomatenmark, 4 cl Cognac.

Zubereitung:
Die Eglifilets mit Zitronensaft, Salz und Pfeffer marinieren.

Bierteig: Mehl, Bier und Eigelbe zu einem flüssigen Teig rühren. Eiweiß aufschlagen und unterheben.

Kapernsauce: Mayonnaise mit Kapern, Tomatenmark und Cognac verrühren.

Eglifilets: Die Filets in Mehl wenden und durch den Bierteig ziehen und im schwimmenden Öl oder Backfett ca. 2–3 Minuten ausbacken, bis sie goldbraun sind.

Mit Petersilienkartoffeln, Blattsalaten und der Kapernsauce anrichten.

Gesottenes Karpfenfilet mit Meerrettich

Zutaten:
800 g entgrätetes Karpfenfilet, 1 l Wasser, ¼ l Riesling trocken, Salz, 6 Pfefferkörner, 3 Lorbeerblätter, 4 Petersilienstängel, 2 Schalotten, 1 Karotte, 1 kleine Sellerieknolle, eine halbe Stange Lauch, eine Stange frischer Meerrettich.

Zubereitung:
Wasser, Wein und Gewürze mit dem geputzten, gewaschenen und klein geschnittenen Gemüse zum Kochen bringen und 10 Minuten ziehen lassen (der Fond sollte leicht salzig sein). In der Zwischenzeit das Karpfenfilet in 8 gleichmäßige Stücke schneiden. Den Fisch in den Sud einlegen und etwa 6 Minuten gar ziehen. Mit einer Schaumkelle vorsichtig herausnehmen und auf einem Küchenpapier abtropfen lassen, bevor man den Fisch auf dem vorgewärmten Teller anrichtet.
Den Meerrettich unter Wasser abbürsten, vorsichtig schälen und nach Belieben auf das Fischfilet reiben.
Mit frischen Erbsenschoten und Kartoffeln servieren.

Lachsforellenfilet-Röllchen mit Bärlauchmousse gefüllt

Zutaten:
800 g Lachsforellenfilets.

Beize: 30 g geschroteter Pfeffer, 200 grobes Meersalz, 100 g Zucker, 30 g zerdrückte Wacholderbeeren, 50 g Dill, 50 g Petersilie, 4 cl Olivenöl, 2 in Scheiben geschnittene Zitronen.

Bärlauchmousse: 200 g Bärlauch, 4 Blatt Gelatine, 250 ml Sahne, Salz, Pfeffer, Zitronensaft.

Garnitur: 12 kleine ausgesuchte Salbeiblätter, 4 EL Crème fraîche, 1 EL Lachskaviar, 12 Chicoréespitzen.

Zubereitung:
Die Zutaten für die Lachsbeize vermengen. Das vorbereitete Lachsfilet mit der Gewürzmischung bedecken, mit den Zitronenscheiben belegen und 48 Stunden im Kühlschrank durchziehen lassen. Den Lachs aus der Beize nehmen.

Bärlauchmousse: Bärlauch waschen, in leicht gesalzenem Wasser blanchieren und in Eiswasser rasch abkühlen. Gut ausgedrückten Bärlauch im Küchenmixer fein pürieren. Eingeweichte Gelatine auflösen und zum Bärlauchpüree hinzufügen. Zum Schluss die geschlagene Sahne unterheben, mit Salz, Pfeffer und Zitronensaft abschmecken und im Kühlschrank fest werden lassen.

Den gebeizten Lachs in Scheiben aufschneiden, zwischen Klarsichtfolie 4 ca. 10 cm lange und 7 cm breite Rechtecke legen und diese leicht flach klopfen. Die schnittfeste Bärlauchmousse mit Hilfe eines Spritzbeutels in die Lachsrechtecke spritzen und einrollen. Mit dem Messer die Rollen aufschneiden und jeweils 3 Tranchen auf den Tellern anrichten. Restliche Lachsscheiben zu Rosen geformt in die Mitte der Teller setzen.

Garnitur: Mit Salatblättern und Chicoréespitzen, Sauerrahm und Lachskaviar garnieren.

Rotbarsch-Ragout mit Gurken

Zutaten:
800 g frische Rotbarschfilets, 1 Salatgurke, 1 Zitrone,
1 kleiner Bund Dill, 2 cl trockener Weißwein,
400 ml Sahne, Salz und weißer Pfeffer.

Zubereitung:
Die Fischfilets mit Zitrone, Salz und Pfeffer würzen und dann in große Stücke schneiden. Die Gurke waschen, schälen und längs halbieren, die Kerne entfernen und in nicht zu dünne Scheiben schneiden. Den Dill waschen und fein hacken. Jetzt in einem Topf die Sahne zum Kochen bringen und mit etwas Salz und Pfeffer abschmecken, die Fischstücke zugeben und etwa 5 Minuten ziehen lassen. Dann die Gurken und den Dill dazu geben und weitere 5 Minuten garen. Den Weißwein dazu geben und 1–2 Minuten leicht köcheln. Fertig.
Am besten schmecken Reis, Nudeln oder Kartoffeln dazu.

Zanderfilet im Maisblatt auf Bärlauch-Basmati-Risotto

Zutaten:
8 Zanderfilets ohne Haut à 100 g, 1 Bund Frühlingslauchzwiebeln, 1 große rote Zwiebel, 50 g Shitakepilze (oder Wiesenchampignons), 50 g Butter, Salz, Pfeffer, 1 Päckchen Maisblätter „Feuille de Bric" (aus dem Feinkostgeschäft), 400 gr Basmatireis, ⅛ l Fischfond, ⅛ l trockener Weißwein, einige Tropfen Bärlauchöl zum Würzen.

Zubereitung:
Frühlingszwiebeln mit Olivenöl in einer Pfanne anschwitzen, Shitakepilze dazugeben, würzen, auf ein Maisblatt legen. Zanderfilets salzen, säuern, auf das Lauch-Pilz-Gemüse legen, mit Butterstückchen im Maisblatt einschlagen. Für 8 Minuten bei 200 °C in den Backofen und anschließend etwa 3–4 Minuten am Herdrand ruhen lassen.
Rote Zwiebel in Butter andämpfen, Basmatireis zugeben und mit Fischfond auffüllen. Wegen der roten Zwiebelfarbe den Wein erst ganz zum Schluss zugeben. Nach ca. 15 Minuten mit Weißwein und Bärlauchöl verfeinern.

Krosses Zanderfilet in Bärlauchsauce

Zutaten:
1 ganzer Zander (1–2 kg), Butterschmalz, Salz, Pfeffer.

Bärlauchsauce: 400 g Bärlauch, 150 g Butter, ¼ l heller Fischfond, ¼ l Sahne, 200 ml trockener Weißwein, 1 Schalotte.

Zubereitung:
Den Zander beim Fischhändler schuppen und filetieren lassen. Die Filets in 8 Stücke schneiden, würzen, in Mehl wenden und in heißem Butterschmalz, die Hautseite zuerst, goldbraun anbraten.

Bärlauchsauce: Bärlauch und Butter im Mixer mixen und kaltstellen. Klein geschnittene Schalotten mit etwas Butter anschwitzen, mit Weißwein ablöschen, Fischfond zugeben, auf ein Drittel einreduzieren, Sahne zugießen und aufkochen. Die kalte Bärlauchbutter mit dem Mixstab in die Sauce mixen, kurz anstocken und durch ein feines Sieb passieren.

Zander anrichten, Sauce angießen, Petersilienkartoffeln dazu reichen.

Zanderklößchen in Sauerampfersauce

Zutaten:
800 g Zanderfilet, Salz, Pfeffer, 20 g Schalottenwürfel, 20 g Butter, 1 Scheibe Toastbrot, 1 Eiweiß, 160 ml Sahne.

Sauce: ½ l Fischfond, ¼ l Weißwein, 40 g Butter, 20 g Mehl, 50 g Sauerampfer.

Zubereitung:
Das Zanderfilet in kleine Würfel schneiden, kühl stellen, danach salzen und pfeffern. Schalotten in Butter glasig dünsten. Toastbrot entrinden und mit Eiweiß befeuchten. Zanderfilet, Toastbrot und Schalottenwürfel in der Mulinette mixen und anschließend die geschlagene Sahne unterrühren. Die Masse mit einem Löffel in kochendes Salzwasser abstechen und 5 Minuten ziehen lassen.

Sauce: Mit der Butter und dem Mehl eine Mehlschwitze herstellen und mit dem Weißwein und dem Fischfond ablöschen, langsam aufkochen lassen und zum Schluss mit dem Sauerampfer pürieren.

Scholle mit Spinat

Zutaten:
4 Schollenfilets, 1 kg Spinat, 2 Schalotten, 1 Knoblauchzehe , 150 g frisch geriebener Emmentalerkäse, ½ Becher Sahne, ⅛ l Weißwein , Saft von ½ Zitrone, Butter zum Braten, etwas Muskat.

Zubereitung:
Den Spinat waschen und von den groben Stängeln befreien. Die Schalotten fein würfeln und in einem Topf in etwas Butter glasig dünsten. Dann den Spinat tropfnass dazugeben, zusammenfallen lassen, den Knoblauch hineinpressen, salzen, pfeffern und mit Muskat abschmecken. Nach etwa 5 Minuten den Spinat in ein Sieb abschütten und gut ausdrücken. Eine feuerfeste Form ausbuttern und den Spinat gleichmäßig darin verteilen.
Die Schollenfilets waschen, mit Zitronensaft beträufeln, salzen, pfeffern und nebeneinander auf den Spinat legen. Dann den Käse mit der Sahne und dem Wein verrühren und über die Schollenfilets gießen. Zehn Minuten im vorgeheizten Backofen, am besten unter dem Grill, überbacken. Als Beilage passen sehr gut Petersilienkartoffeln.

Matjes-Salat

Zutaten:
3 Doppelfilets vom Matjes, 3 Äpfel, 6 kleine, feste Essiggurken, 3 hartgekochte Eier, 300 g gekochte Rote Beete, 300 g gekochte Kartoffeln, 1 Gemüsezwiebel, 1 Becher Joghurt, Saft von ½ Zitrone, 1 Bund Schnittlauch.

Zubereitung:
Alle Zutaten werden gewürfelt, und zwar die Zwiebel sehr fein, Kartoffeln und Rote Beete etwas gröber (Richtmaß: Würfelzucker), die restlichen Zutaten liegen dazwischen. Dann wird der Joghurt mit der Zitrone vermischt und auf die gesamten gewürfelten Zutaten gegeben. Alles gut vermischen und eine halbe Stunde durchziehen lassen. Vor dem Servieren nochmals umrühren und mit dem Schnittlauch bestreuen. Am besten schmecken dazu Schwarzbrot oder Pellkartoffeln.

Lachsforelle mit Kartoffelterrine

Zutaten:
1 kg Lachsforellenfilet, 8 mittelgroße Kartoffeln, 100 g roher Schinken, ¼ l geschlagene Sahne, 2 EL Crème fraîche, 3 Blatt Gelatine, ½ Bund Schnittlauch, ½ Bund Petersilie, ½ Bund Dill, Muskat.

Zubereitung:
Die Kartoffeln schälen, grob würfeln und in Salzwasser weich kochen. Die Kartoffeln abgießen und gut ausdämpfen lassen. Dann die Kartoffeln durch eine Presse drücken und auskühlen lassen. Den Schinken in sehr feine Streifen schneiden, Schnittlauch, Petersilie und Dill ebenfalls fein schneiden oder hacken und zusammen mit der Crème fraîche unter die Kartoffelmasse mischen. Mit Salz, Pfeffer und Muskat abschmecken. Die Gelatine auflösen (entsprechend der Angaben auf der Packung) und zusammen mit der geschlagenen Sahne unterheben. In eine Terrinenform geben und mindestens zwei Stunden im Kühlschrank kalt stellen.
Das Lachsforellenfilet in vier Portionen teilen, salzen, pfeffern und in Butter kurz und kräftig anbraten. Die Kartoffelterrine in Scheiben aufschneiden und zusammen mit den gebratenen Lachsforellenfilets servieren.

Gebratene Forelle mit Mandeln

Zutaten:
4 mittelgroße Forellen, ausgenommen ca. 250 bis 300 g pro Stück, 1/8 l Milch, Salz, Mehl, Saft von 1/2 Zitrone, 150 g Butter, 50 g Mandelblättchen.

Zubereitung:
Die Forellen unter fließendem Wasser gut abspülen, dann mit Küchenpapier trocken tupfen. Die Forellen innen und außen salzen und mit Zitronensaft beträufeln. Die Milch und das Mehl jeweils in einen großen, flachen Teller geben und dann die Forellen zuerst in der Milch und dann im Mehl wenden. 100 g Butter in einer Pfanne erhitzen und die Forellen darin bei mittlerer Hitze auf beiden Seiten braten, etwa fünf Minuten auf jeder Seite. In der Zwischenzeit werden die Mandelblättchen in einer zweiten Pfanne mit der restlichen Butter hellbraun angeröstet. Die Forellen auf vorgewärmte Teller legen und die Mandeln mit der Butter über die Forellen verteilen.
Dazu passen am besten in Butter und fein gehackter Petersilie geschwenkte Pellkartoffeln.

Manchmal möchte man nicht meinen, dass 's Albertle dem Hermann sein Enkel ist. Aber wenn's um die Modelleisenbahn und den Nachtisch geht, sind sie sich sehr ähnlich: Stundenlang spielen sie mit dem Bähnle, und beim Nachtisch kriegen beide nie genug!

Bauernauflauf mit Weinschaum

Zutaten:
250 g Hefezopf vom Vortag, 4 Äpfel, 5 cl Amarettolikör, 5 cl Kirschwasser, 50 g Rosinen.

Sahne Royal: ¼ l Sahne, 6 Eier, 150 g Zucker, Vanillemark von einer Vanillestange.

Weinschaum: 4 Eigelb, ¼ l Wein (Riesling), 100 g Zucker.

Zubereitung:
Hefezopf in Würfel schneiden, Äpfel schälen und in Würfel oder Scheiben schneiden. Rosinen, Amarettolikör und Kirschwasser in eine Schüssel geben und gut unterheben. Die Masse in eine gebutterte Kuchenform oder auf ein hohes Backblech geben und mit der „Sahne Royal" übergießen. Ca. 45 Minuten bei 180 °C backen.

Sahne Royal: Alle Zutaten in einer Schüssel mit dem Schneebesen aufschlagen.

Weinschaum: Eigelb, den Wein und Zucker im heißen Wasserbad aufschlagen. (Den Weinschaum erst aufschlagen, wenn der Auflauf fertig ist.)

Auflauf im warmen Zustand in gleich große Stücke schneiden und auf Tellern mit Weinschaumsauce anrichten. Mit Puderzucker bestäuben und nach Lust garnieren.

Gebackene Birne im Strudelteig mit Karamelleis

Zutaten:
4 kleine Birnen, ½ l Weißwein, je 1 Zimt- und Vanillestange, 100 g Zucker.

Quarkfüllung: 25 g Butter, 40 g Zucker, 1 Ei, 100 g Sahnequark, 25 g Rosinen, geriebene Zitronenschale.

Strudelteig: 250 g Mehl, 1 EL Öl, 1 Ei, 8 EL Wasser und etwas Essig, 1 Prise Salz, Öl zum Bestreichen.

Holundersauce: 200 g Holunderbeeren, 3 Pflaumen, 50 g Zucker, 2 EL Rotwein.

Karamelleis: ½ l Sahne, 6 Eigelb, 150 g Zucker.

Zubereitung:
Die Birnen schälen und das Kerngehäuse mit einem Kugelausstecher großzügig von unten entfernen. In Weißwein mit Zucker, Zimt und Vanillestange pochieren. Nach dem Erkalten gut abtropfen lassen und mit der Quarkmasse füllen.

Quarkfüllung: Zucker und Zitronenschale mit der Butter schaumig rühren und mit dem Ei vermischen. Rosinen und Quark zugeben.

Strudelteig: Aus den Zutaten einen Strudelteig kneten. Die trockenen Birnen in den dünn ausgezogenen Strudelteig einpacken, mit Ei bestreichen und bei 175 °C 25 Minuten im Ofen backen.

Holundersauce: Holunderbeeren, Pflaumen und Zucker in Rotwein weich kochen und durch ein nicht zu feines Sieb drücken. Erkalten lassen.

Karamelleis: Zucker karamellisieren (nicht zu dunkel), mit Sahne ablöschen und kochen lassen, bis der Zucker aufgelöst ist. Die Eier einrühren, passieren und kalt in die Eismaschine füllen.

Anrichten: 2 Esslöffel Holundersauce auf den Teller geben und die heiße Birne darauf setzen, mit Minze und Pflaumenecken ausgarnieren und das Karamelleis daneben geben.

Creme von badischem Traminer

Zutaten:
¼ l Traminer, 4 Eigelb, 120 g Zucker, 2 Blatt Gelatine, ca. 220 ml Sahne, Weintrauben, Minzeblättchen.

Zubereitung:
Eigelb und Zucker schaumig rühren, den Traminer hinzufügen und im Wasserbad zu einer dicklichen Creme aufschlagen. Die eingeweichte Gelatine ausdrücken und zur Creme geben. Auf Eiswasser kalt rühren und kurz vor dem Stocken die geschlagene Sahne unterheben. In vorbereitete Gläser füllen und kaltstellen.
Vor dem Servieren mit frischen Weintrauben und Minzeblättchen garnieren.

Haselnusskrapfen

Zutaten:
½ l Milch, 125 g Butter, 250 g Mehl, Salz, Muskat, Pfeffer, 6 Eier, 1,2 kg mehlige Kartoffeln, 100 g gemahlene Haselnüsse.

Zubereitung:
Die Milch mit der Butter und den Gewürzen aufkochen. Das Mehl mit dem Schneebesen einrühren und dann mit einem Kochlöffel bei mittlerer Hitze so lange rühren, bis sich die Masse vom Topfboden löst. In eine Schüssel geben und etwas abkühlen lassen. Die Eier einzeln unterrühren. Die Kartoffeln schälen, weich kochen lassen und anschließend ausdampfen lassen. Mit einer Kartoffelpresse in den Brandteig drücken. Die gemahlenen Haselnüsse hinzugeben und mit einem Holzlöffel gut untermengen. Nun mit einem Kaffeelöffel kleine Nocken abstechen und in der Fritteuse ausbacken.

Lebkuchenparfait

Zutaten:
9 Eigelb, 6 Eier, 175 g Zucker, 700 ml Sahne, 250 g Lebkuchen, 2 cl Rum.

Zubereitung:
Die Eier mit dem Zucker warm aufschlagen, bis sie schaumig sind, und anschließend wieder kalt schlagen. Die Lebkuchen in kleine Würfel schneiden und mit etwas Rum tränken. In die erkaltete Eimasse die geschlagene Sahne unterheben und zum Schluss die mit Rum getränkten Lebkuchenwürfel hinzufügen. In eine Form füllen und ca. 12 Stunden gefrieren.

Kirschplotzer

Zutaten:
500 g Kirschen, 80 g zimmerwarme Butter, 3 Eier (Eiweiß und Eigelbe getrennt), 100 g Zucker, 50 g Semmelbrösel, 40 g gemahlene Mandeln, 2 gehäufte EL geraspelte Schokolade oder Schokostreusel, 2 EL Kirschwasser, 3 EL Wasser.

Zubereitung:
In einer Schüssel die Butter und den Zucker mit dem Handrührgerät cremig-schaumig schlagen. Die Eigelbe nacheinander zugeben, wobei nach jedem Eigelb die Masse immer wieder so lange weitergerührt wird, bis sie wieder weißlich und cremig geworden ist. Das dauert insgesamt etwa 10 Minuten.
Das Kirschwasser und das Wasser über die Semmelbrösel geben, damit sich diese damit voll saugen. Dann kommen diese Brösel, die Schokoraspel und die Mandeln unter die Butter-Zucker-Eigelb-Masse. Alles mit dem Rührgerät gut vermischen. Zum Schluss werden die Kirschen und das steif geschlagene Eiweiß mit einem Kochlöffel vorsichtig untergehoben. Die Kirschen werden dabei nicht entsteint, da sie sonst zu viel Flüssigkeit verlieren und der Plotzer matschig werden könnte. Aus dem selben Grund die Kirschen nach dem Waschen gut abtropfen lassen.
Eine feuerfeste Form ausbuttern und mit Semmelbröseln ausstreuen – so viel, wie an der gebutterten Fläche hängen bleibt (diese Butter und die Brösel sind in den obigen Mengenangaben nicht enthalten). Dann wird die Masse in diese Form gefüllt, oben glatt gestrichen und im auf 200 °C vorgeheizten Backofen etwa 45 Minuten gebacken. Am besten schmeckt der Kirschplotzer lauwarm mit Schlagsahne oder Vanillesoße.

Grießschnitten mit Heidelbeerkompott

Zutaten:
Griesschnitten: 400 g Grieß, 1,5 l Milch, 50 g Butter, 40 g Zucker, 4 Eigelb, 1 Prise Salz, etwas zusätzliche Butter zum Ausbacken.

Heidelbeerkompott: 800 g Heidelbeeren, 80 g Zucker, 1 Zimtstange, 2 EL Zitronensaft, 0,1 l Wasser.

Zubereitung:
Grießschnitten: Die Milch zusammen mit der Butter, dem Zucker und dem Salz in einem Topf aufkochen, den Grieß einrühren und unter gelegentlichem Umrühren etwa zehn Minuten köcheln lassen. Den Topf vom Herd nehmen und in den noch heißen Grieß sofort die vorher verquirlten Eigelbe schnell hineinrühren. Dann diese Grießmasse auf ein leicht eingebuttertes Backblech streichen, und zwar gleichmäßig glatt und etwa 1 ½ Zentimeter dick. Wenn diese Masse erkaltet ist, schneidet man beliebig große Stücke heraus und bäckt sie auf beiden Seiten in einer Pfanne in etwas Butter goldgelb aus.

Heidelbeerkompott: Die Heidelbeeren abbrausen und zusammen mit allen Zutaten rund zehn Minuten im offenen Topf etwas weich köcheln und mit einem Spritzer Zitronensaft abschmecken.

Eine Grießschnitte auf jeden Teller legen und das Kompott darum herum geben.

Milchmädchenschaum im Hippenring mit marinierten Erdbeeren und Erdbeer-Winzersekt-Sorbet

Zutaten:
Milchmädchenschaum: ¼ l Sahne (42 % Fett), 50 ml Läuterzucker.

Hippenmasse: 60 g Mehl, 130 g Puderzucker, 75 g Eiweiß, 80 g Butter.

Marinierte Erdbeeren: 250 g Erdbeeren, 10 g Läuterzucker, 2 cl Balsamicoessig.

Sorbet: 200 g Erdbeeren, 100 g Läuterzucker, ½ Zitrone, 100 ml Winzersekt.

Zubereitung:
Milchmädchenschaum: Die Sahne mit dem Läuterzucker vermischen und in ein Sahne-Siphon mit Gaspatrone einfüllen. Vor dem Spritzen eine Stunde kalt stellen.

Hippenteig: Das Eiweiß aufschlagen, Puderzucker hinzugeben, dann das Mehl und zuletzt die zimmerwarme Butter unterrühren. Hippenteig in Ringe formen und ausbacken. In die Ringe den Milchmädchenschaum spritzen. Die in Zucker und Balsamicoessig marinierten Erdbeeren anrichten.

Sorbet: Für das Sorbet Erdbeeren pürieren und mit Läuterzucker und Zitrone abschmecken. Während des Gefrierens Winzersekt zugeben.

Schneeballen mit Vanilleguss

Zutaten:
1 l Milch, 4 Eier, 10 EL Zucker, 1 Vanilleschote,
2 EL Mondamin.

Zubereitung:
Die Vanilleschote aufschneiden, Mark herauskratzen und zusammen mit der Milch zum Kochen bringen. In dieser Zeit schlägt man das Eiweiß zu steifem Schnee und gibt vorsichtig 3 gestrichene Esslöffel Zucker darunter. Dann formt man mit zwei Esslöffeln längliche Klöße, setzt diese auf die leicht köchelnde Milch und lässt sie auf beiden Seiten ca. eine Minute ziehen. Danach legt man sie vorsichtig mit einem Schaumlöffel auf einen Teller. Das Eigelb wird mit dem Rest des Zuckers schaumig gerührt, das Stärkemehl darunter gegeben und unter ständigem Rühren der kochenden Milch zugegeben. Man rührt den Vanilleguss auf dem Feuer, bis er kurz aufgekocht hat, füllt ihn in eine Porzellanschüssel, Schneebälle obenauf und 4 Stunden kalt stellen.

Bratäpfel

Zutaten:
4 große, mürbe Äpfel, 60 g Zucker, 30 g Butter,
4 EL Johannisbeergelee, 30 g Mandelsplitter,
4 Minzeblätter.

Zubereitung:
Mit einem Ausstecher das Kernhaus aus den ganzen Äpfeln herausstechen, ohne dass die Äpfel dabei kaputt gehen. Dann die Äpfel nebeneinander in eine feuerfeste Form setzen. Nun wird das runde Loch, in dem sich das Kernhaus befand, wie folgt gefüllt:
In jede Öffnung 10 Gramm Zucker streuen, dann jeweils ein kleines Stückchen Butter (etwa ein halber Kaffeelöffel voll) hineindrücken. Die Form mit den Äpfeln in den auf 180 °C vorgeheizten Backofen geben und – je nach Größe und Apfelsorte – ca. 25 Minuten garen. Mit einem Zahnstocher kann man die Garprobe machen: hineinpieksen, und wenn er ohne Widerstand durchgeht, ist der Apfel gar. Dann die Äpfel aus dem Backofen nehmen, aber in der Form lassen. Nun wird in jedem Apfel das Kernhausloch mit Johannisbeergelee gefüllt und zusätzlich etwas Gelee außen an die Äpfel gestrichen, so dass sie eine Art Glasur bekommen. Sodann werden die Mandelsplitter darüber gestreut, die an dem Gelee haften bleiben. Zur Dekoration kommt ein Minzeblatt oben drauf.

Schokoladen-Soufflé

Zutaten:
250 g Butter, 150 g Zucker, 4 Eigelb, 50 g Mehl, 50 g gehackte Nüsse, 150 g Schokolade (Kuvertüre), Eischnee von 4 Eiern.

Zubereitung:
Butter und Zucker schaumig rühren und Eigelb unterziehen. Mehl einsieben, flüssige Schokolade (Kuvertüre) und gehackte Nüsse beigeben. Eischnee in zwei Etappen unterziehen. In vorgebutterte Timbal-Förmchen (oder in Espresso-Tassen) abfüllen. Auf einem hohen Backblech oder in einer Schüssel mit Wasser im Backofen ca. 25–30 Minuten bei 170 °C backen.
Auf Teller stürzen und mit Waldbeeren, Rotwein und Zucker aufgekochter Fruchtsauce anrichten.
Mit Vanille-Eis und frischen Beeren garnieren.

Tannenhonigparfait mit Holundersauce und frischen Himbeeren

Zutaten:
Tannenhonigparfait: 2 Eigelb, 1 Ei, 100 g Tannenhonig, 30 g Tannenwipfel (gehackt), 2 cl Honigschnaps, 300 ml Sahne.

Holundersauce: 150 g Holunderbeeren, 1 Prise Zimt, 80 g Zucker, ⅛ l Rotwein, ⅛ l Wasser, 1 TL Speisestärke, 1 cl Cassislikör.

Garnitur: 200 g frische Himbeeren.

Zubereitung:
Tannenhonigparfait: Die Eier zusammen mit dem Honig schaumig schlagen. Die gehackten Tannenwipfel und den Honigschnaps dazugeben. Die Sahne steif schlagen und unter die Masse ziehen. Das Ganze in eine Kuchenkastenform einfüllen und ca. 3–4 Stunden einfrieren.

Holundersauce: Die Holunderbeeren verlesen, waschen und abtropfen lassen. Mit einer Prise Zimt, dem Zucker, dem Rotwein und Wasser so lange kochen, bis sie weich geworden sind. Dann durch ein Sieb streichen und erneut aufkochen. Die Speisestärke mit dem Cassislikör glatt rühren und die Sauce damit binden. Einmal aufkochen lassen und vom Herd nehmen. Die fertige Sauce kalt werden lassen.

Anrichten der Teller: Die Holundersauce über den Tellern verteilen (Saucenspiegel). Das Tannenhonigparfait in Scheiben schneiden (pro Teller 2 Scheiben) und dekorativ auf den Teller legen.
Mit frischen, gewaschenen Himbeeren ausgarnieren.

Gestürzter Apfelkuchen

Zutaten:
4 Äpfel, 2 gehäufte EL Zucker, Saft von ½ Zitrone, ein paar Rosinen, 50 g Mandelsplitter, Blätterteig (tiefgekühlt).

Zubereitung:
Als Backform eignet sich am besten eine jeder runden, weiß glasierten Formen aus Porzellan mit einem etwa 4 Zentimeter hohen, meist gewellten Rand, Durchmesser etwa 25 Zentimeter.
Zunächst wird der Zucker karamellisiert. Dazu den Zucker in einen Topf geben und so lange erhitzen, bis er schmilzt und eine bräunliche Farbe annimmt. Dieser Zucker wird in die Backform gegossen. Da der flüssige Zucker beim Auftreffen auf die kalte Backform sofort erstarrt und dann nicht mehr verstrichen werden kann, sollte man den Zucker gleichmäßig und kreisförmig in die Backform laufen lassen und diese am besten noch vorwärmen.
Sodann werden die Äpfel geschält, in fingerdicke Schnitze zerlegt und vom Kernhaus befreit. Mit ihnen wird die Backform nun ausgelegt. Ein paar Spritzer Zitronensaft darauf geben sowie die Rosinen und die Mandelsplitter gleichmäßig verteilen.
Nun wird der Blätterteig dünn ausgewellt, über die Äpfel gelegt und der über den Rand hinausstehende Teig abgeschnitten. Am inneren Rand wird der Teig ein bisschen nach unten gedrückt. Da der Kuchen später gestürzt wird, ergibt das den Rand des Kuchens.
Der Kuchen kommt dann in den auf 200 °C vorgeheizten Backofen, wo er bei Oberhitze etwa 20 Minuten bleibt, bis der Blätterteig eine schöne braune Farbe angenommen hat.
Nach dem Herausnehmen aus dem Backofen legt man einen Teller auf die Backform, dreht beides zusammen um, so dass der Kuchen, nun mit den Äpfeln nach oben, auf dem Teller liegt. Sehr gut schmeckt es, wenn man auf den noch warmen Kuchen eine Kugel Vanilleeis gibt.

Zwetschgen-Auflauf

Zutaten:
250 g Mehl, 50 g gemahlene Mandeln, 150 g Zucker,
150 g Butter, 1 Eigelb, 1 Messerspitze Zimtpulver,
1 kg Zwetschgen, etwas Butter, 1 Becher Schlagsahne.

Zubereitung:
Eine feuerfeste Form mit einem mindestens 3–4 Zentimeter hohen Rand wird leicht ausgebuttert und mit den entsteinten und halbierten Zwetschgen gleichmäßig ausgelegt. Eine Lage Zwetschgen genügt, sie sollten aber dicht an dicht liegen. Je nach dem, wie süß die Zwetschgen sind, muss mehr oder weniger Zucker darüber gestreut werden.
Die Zutaten für den Teig kommen alle zusammen in eine Schüssel, die Butter sollte in kleine Stückchen geschnitten sein. Diese werden nun mit den Fingern, fast nur mit den Fingerspitzen, zusammengeknetet und zwar so, dass nicht etwa ein homogener Teigbollen entsteht, sondern einzelne Brösel dabei herauskommen, die die Größe und Form von Streuseln haben sollen. Diese Bröselmasse wird nun gleichmäßig etwa 1–2 Zentimeter hoch über die Zwetschgen verteilt.
Nun muss alles im auf 180 °C vorgeheizten Backofen etwa 40 Minuten lang backen. Mit einem großen Löffel Portionsstücke herausstechen. Lauwarm und mit Sahne schmeckt es am besten.

Unser Wilhelm! Wenn der sich was in den Kopf gesetzt hatte, dann wurde das auch gemacht. Ohne ihn wäre ich nie auf die Idee gekommen, bei dem Rezeptwettbewerb mitzumachen. Und? Ich hab' gewonnen!

Es war wie an jedem Werktagmorgen am Frühstückstisch auf dem Fallerhof: Wir sitzen beim Kaffee zusammen, und Wilhelm studiert die Lokalzeitung. Da erweckt ein Preisausschreiben, bei dem das beste Ostermenü prämiert werden soll, seine Aufmerksamkeit. Der Gewinn klingt auch recht verlockend: ein Diner in einem namhaften Gourmet-Tempel. Wilhelm und Hermann sind sich spontan einig, dass ich unbedingt daran teilnehmen soll. Lachend winke ich ab – als ob ich nicht auch so schon genug zu tun hätte.

Noch am selben Vormittag stattet mir Leni einen Besuch ab. Sie gibt vor, wegen der Tombola des Landfrauentreffens mit mir sprechen zu wollen. In Wahrheit aber – das merke ich sofort – brennt sie nur darauf, mir zu erzählen, dass sie an einem Rezepte-Wettbewerb teilnehmen wird. Ihren Menüvorschlag will sie mir jedoch auf gar keinen Fall verraten.

Das weckt nun auch meinen Ehrgeiz. Beim Mittagessen erzähle ich meinen Lieben von dem Treffen mit Leni, und dass ich doch bei dem Preisausschreiben mitmachen werde. Wilhelm ist sogleich Feuer und Flamme und schlägt eine gefüllte Kalbsbrust nach dem Rezept seiner verstorbenen Frau vor. Am nächsten Tag steht er mit dem alten Kochbuch in der Küche. Ein Blick in das Rezeptbuch genügt, um meine Begeisterung zu wecken. Und ich verrate Wilhelm, dass ich mit einem kleinen Trick noch einen ganz besonderen Pfiff an die Kalbsbrust bringen werde: ich gebe noch zwei fein gewiegte Sardellen in die Füllung, was dem Gericht erst die richtige Raffinesse verleiht.

Während ich das Rezept aufschreibe, packt Wilhelm eine diebische Freude bei dem Gedanken, dass ich damit Leni beim Wettbewerb schlagen könnte. Im Übermut verwettet er sogar seinen Schnauzbart auf meinen Sieg. Aber Wilhelm darf seinen Schnauzer behalten: trotz einiger Skepsis bei Hermann, der lieber mit einem Sauerbraten an dem Wettbewerb teilgenommen hätte, und bei Karl, der für Schäufele mit Kartoffelsalat gestimmt hätte, schaffe ich es. An einem frühen Morgen klingelt das Telefon: ein Reporter des „Schwarzwälder Boten“ meldet seinen Besuch an – ich habe den Rezepte-Wettbewerb gewonnen und soll nun in die Zeitung kommen.

Und was hat dem Rezept zum Sieg verholfen? Es ist genau der besondere geschmackliche Reiz, der durch die Beigabe der Sardellenfilets zur Füllung erreicht wird. Inzwischen konnte ich auch Hermann und Karl davon überzeugen, die bis zuletzt stur und steif behauptet haben, dass Fisch und Fleisch nicht zusammenpassen. Dabei haben die Sardellen bei dieser Art der Zubereitung nur die Funktion eines Gewürzes. Als dann die ganze Familie am Ostermontag am festlich gedeckten Tisch zum Ostermenü Platz nimmt und meine preisgekrönte Kalbsbrust nebst Buttergemüse, Kartoffelstock und Soße auf den Tisch kommt, bezweifelt niemand mehr: dieses Rezept hat zu Recht gewonnnen!

Zutaten:
1 kg Kalbsbrust, 1 TL Zitronensaft, 1 Eiweiß,
Salz, Pfeffer.

Füllung:
250 g gewiegtes Schweinefleisch, 1 eingeweichtes,
verzupftes Brötchen, 1 Ei, 1 TL Salz, 1 Prise Pfeffer,
Muskat, 1 EL fein gewiegte, gedämpfte Zwiebeln,
1 EL gehackte Petersilie, 2 gewiegte Sardellen,
2 EL Sauerrahm.

Gemüse:
4 Schwarzwurzeln, 2 Kohlrabi, 2 Butterrüben,
150 g Butter.

Kartoffelstock:
1 kg mehlige Kartoffeln, ¼ l Milch, 100 g Butter,
Salz, Muskat.

Zum Braten:
60 g Fett, 1 TL Salz, 1 gelbe Rübe, 1 Zwiebel,
¼ l Fleischbrühe, ⅓ l Sauerrahm, 2 EL Weißwein.

Zubereitung:
Füllung: Das Schweinefleisch wird mit dem Brötchen, dem Ei, den Zwiebeln, der Petersilie, dem Rahm und den Sardellen vermischt und mit Pfeffer, Salz und Muskat gewürzt

Kalbsbrust: In die entbeinte Kalbsbrust wird eine Tasche geschnitten, sodann wird die Kalbsbrust abgerieben, gesalzen, gepfeffert und mit Zitronensaft beträufelt. Die Innenseite wird mit Eiweiß bestrichen.
Nun füllt man die Fleischfülle in die Kalbsbrust ein, näht die Tasche der Länge nach zu, salzt sie und brät das Fleisch im heißen Fett, welchem man die Bratzutaten beigegeben hat, auf allen Seiten schön braun an.
Von Zeit zu Zeit gibt man etwas Fleischbrühe dazu und lässt die Kalbsbrust unter häufigem Begießen 1 ½ Stunden braten. ¼ Stunde vor dem Garsein gießt man den sauren Rahm darüber.
Vor dem Anrichten werden die gelbe Rübe sowie die Zwiebel aus dem Bratensaft herausgenommen, dieser wird durch ein Sieb gegeben und entfettet. Dann wird er aufgekocht und mit Wein abgeschmeckt.

Gemüse: Die Gemüse schälen, dämpfen, salzen und in Butter wenden.

Kartoffelstock: Die Kartoffeln schälen, abkochen und mit der Milch und der Butter fein zerstampfen. Mit Salz und Muskat abschmecken.

Gerade im Sommer, wenn's draußen so schön wird, isst man am liebsten unter freiem Himmel. Zum Familienpicknick kommen alle gern. Doch sollte es ins Wasser fallen und Petrus uns einen Strich durch die Rechnung machen, gibt's bei uns im Schwarzwald jede Menge Gasthäuser, die berühmt sind für ihre gute Küche.

Gasthof Sommerau

Sommerau 5, 79848 Bonndorf-Sommerau

Telefon: 07703/670, Fax: 07703/1541

Ruhetage: Montag und Dienstag

Kreditkarten: EC

12 Zimmer, DZ ab 120,– DM

Um den Gasthof Sommerau zu finden, benötig man eine gute Straßenkarte. Die Fahrt in den hintersten Winkel des Steinatales, mitten hinein in eine besonders idyllische Gegend des Schwarzwaldes zwischen Bonndorf und Schluchsee, fernab von jeglichem Durchgangsverkehr, lohnt jedoch zu allen Jahreszeiten. Nicht zuletzt auch im Winter, denn eine der schönsten und einsamsten Langlaufloipen beginnt fast vor der Haustüre des nach einem Brand im Jahre 1988 wieder aufgebauten Schwarzwaldhauses. Das 1991 wieder eröffnete Haus wurde in reiner Holzbauweise errichtet und verbindet traditionellen Baustil mit modernen Elementen derart gekonnt und geschmackvoll, dass es 1992 mit dem „Deutschen Holzbaupreis“ ausgezeichnet wurde. Der Gastraum ist hell, offen und trotzdem von einer warmen Gemütlichkeit, zu der nicht zuletzt der große, traditionell gemauerte Kachelofen beiträgt. Derselbe Stil prägt auch die Gästezimmer dieses kinderfreundlichen Hauses: schöne, saubere und robuste Handwerksarbeit in Holz, aber ohne Schnörkel und aufgesetzten Zierrat. Im Sommer lockt eine große Terrasse mit freiem Blick auf blühende Wiesen.
Da verwundert es fast schon nicht mehr, dass auch die Küche von Karl-Thomas Hegar genau diesen Ansprüchen entspricht. Er ist reiner Autodidakt am Herd, kann also nicht mit Ausbildungsstationen bei großen Namen glänzen, und trotzdem hat er etwas geschaffen, was heute fast schon Mangelware ist: bei ihm gibt es eine Küche, die schnörkellos und einfach nur gut ist. Hier kommt keine oberflächliche Schwarzwald-Folklore auf den Teller, sondern eine schlichte, aber tadellos gebratene, superfrische Forelle aus der Steina, ein saftiger Tafelspitz vom Sommerauer Weiderind und eine Holundermousse zum Schwachwerden.

Haus Sommerberg

Am Sommerberg 14, 79868 Feldberg-Altglashütten

Telefon: 07655/1411, Fax: 07655/1640

Ruhetage: Montag und Dienstagmittag

Kreditkarten: alle

8 Zimmer, DZ ab 112,– DM

Direkt unterhalb des Feldberggipfels kocht Jürgen Gauwitz. Vor vier Jahren ist er in sein eigenes Domizil eingezogen, in das „Haus Sommerberg“ im Ortsteil Altglashütten. Seine Großmutter Emilie erbaute hier 1933 eine der ersten Pensionen. 1996 erfüllte sich dann sein Wunschtraum: er konnte das Haus von seinen Eltern übernehmen. Herr sein über die eigenen vier Wände – das hat bei ihm und seiner Ehefrau Birgit einen regelrechten Kreativitätsschub ausgelöst. Die Gaststube wurde mit Bedacht und sicherem Geschmack neu gestaltet, es kommt viel Licht und Luft in das helle, anheimelnde Restaurant. Auch die Renovierung der Gästezimmer schreitet zügig voran. Vor allem aber kann Jürgen Gauwitz in seiner Küche nun all das verwirklichen, was er in seinen Lehr- und Wanderjahren bei exzellenten Küchenmeistern – darunter Hans Stucki in Basel und Harald Wohlfahrt in Baiersbronn – an handwerklichem Können und an Wissen über Produkte und den richtigen Umgang mit ihnen angesammelt hat. Die Liebhaber einer ambitionierten Regionalküche mit Ausflügen in die gehobene Feinschmeckerei registrieren es mit Freude. Beste Produkte, die vorwiegend aus der nächsten Umgebung kommen, werden unter seinen Händen in raffinierte Kompositionen umgesetzt: lauwarmer Kalbskopf mit gebratenem Kalbsbries auf Linsensalat, Schwarzwälder Bachsaibling unter Bärlauchkruste, zartrosa Rehfilet in kräftiger Trüffelmarinade, himmlisch luftiges Quarksoufflé mit einer hocharomatischen Quittensauce – hier stimmt alles, von den Garzeiten über die Leichtigkeit bis hin zu den beherzt gewürzten Saucen. Birgit Gauwitz leitet den freundlichen und kompetenten Service. Sie führt bei Bedarf auch durch die Weinkarte, auf der sich etliche der besten badischen Winzer ein Stelldichein geben.

Mühle zu Gersbach

Zum Bühl 4, 79650 Schopfheim-Gersbach

Telefon: 07620/90400, Fax: 07620/904055

Ruhetage: Dienstag und Mittwochmittag

Kreditkarten: alle

15 Zimmer, 1 Suite, DZ ab 132,– DM

Von Schopfheim aus geht es bis zur „Mühle zu Gersbach" ein ordentliches Stück in den südlichen Schwarzwald hinein über Hunderte von Kurven, die zum langsamen Fahren nötigen. Und das ist gut so. Denn wenn man hinter einem Trecker herbummelt und den Blick über satte Wiesen und dunkelgrüne Wälder streifen lässt, dann stellt sich ganz von alleine ein Vorgeschmack ein auf das naturverbundene kulinarische Angebot, mit dem Martin Buchleither und seine Frau Renate die Gäste erwarten. Die Küche hier greift nicht nach den Sternen. Die Buchleithers setzen vielmehr ganz bewusst auf die kulinarische Mitte, was hier aber alles andere als Mittelmäßigkeit bedeutet. Ganz im Gegenteil. Es ist eine Küche, die sich weitestgehend auf die in dieser Gegend vorzüglichen Grundprodukte konzentriert. Es ist eine Küche, die ohne Show-Effekte auskommt und sich stattdessen auf das konzentriert, auf das es letztendlich ankommt (also zum Beispiel darauf, dass das Rehragout schön mürbe ist und die Soße dazu sämig und voll von ehrlichen, natürlichen Wild- und Wacholder-Aromen). Eine Küche übrigens, die auch ganz unverkrampft den Spagat schafft zwischen einem tadellos gebratenen Schnitzel, das der hungrige Wanderer kategorisch einfordert, und einer Gänseleber, die auch den ausgefuchsten Gourmet zufrieden stellt. Hier kann man auch die gepökelte Rinderbrust mit Genuss verspeisen, denn man weiß, dass sie von einem Tier stammt, das auf den Wiesen ringsum gegrast und nicht etwa künstliches Futter aus dunklen Kanälen bekommen hat. Und man sieht mit Freude, dass hier auch den kleinen Dingen große Aufmerksamkeit gewidmet wird. Etwa dann, wenn es auf die handgeschabten Spätzle nicht die übliche Schmelze aus Semmelbröseln gibt, sondern die Semmelbrösel durch gemahlene Haselnüsse ersetzt werden.

Hotel-Restaurant Sonne

Zähringerstraße 2, 79271 St. Peter

Telefon: 07660/94010, Fax: 07660/940166

Ruhetag: Montag

Kreditkarten: alle

14 Zimmer, DZ ab 124,– DM

Wenn sich Hochschwarzwälder Küche in Richtung Feinschmeckerei bewegt, dann gibt es einen, der dabei ganz vorne mitkocht: Hans-Peter Rombach in seinem Restaurant „Sonne“ in St. Peter, einen Katzensprung entfernt von der berühmten barocken Klosterkirche. Hans-Peter Rombach, heute 35 Jahre alt, war gerade mal 27, als ihn 1993 der Guide Michelin mit einem Stern auszeichnete. Das war damals für einen so jungen Koch, noch dazu in dieser Gegend, deren Küche eher bodenständig und deftig ist, eine kleine Sensation. Zum Glück verfügt auch er über jene Tugenden, die den gebürtigen Hochschwarzwälder schon immer ausgezeichnet haben: angesichts eines Erfolges nicht abheben und leichtsinnig werden, sondern das Erreichte behutsam und klug ausbauen. Und so hat er das Restaurant, das schon seine Großeltern betrieben haben, zu einer der ersten Adressen im Hochschwarzwald gemacht. Seine Küche ist dem badisch-französischen Stil verschrieben, seine Lehrjahre bei Lothar Eiermann im Hotel Friedrichsruhe bei Öhringen sowie in der Schweiz haben seine handwerklichen Fähigkeiten perfektioniert. Das Ergebnis: Vor allem aus regionalen Produkten zubereitete Raffinessen, darunter seine Klassiker wie das marinierte St. Petermer Zicklein mit eigenem Käse, Milchkalb mit Wirsing und eine beeindruckende Kombination eines Kaninchen-Kalbsnierenbratens in Feigen-Senf-Sauce. Die Renovierung des 60 Plätze großen Restaurants ist gerade abgeschlossen worden. Damit ist Licht und Luft in das in seiner Substanz gemütliche und anheimelnde Restaurant gekommen. Für den familiär-legeren Rahmen sorgt Ehefrau Petra, die den herzlichen und sympathischen Service leitet, der – vom Vollkornbrötchen am Anfang bis zum Zibärtle-Schokoladentrüffel am Schluss – ausschließlich Selbstgemachtes auf den Tisch bringt.

Hotel Bären

Neustädter Straße 35, 79822 Titisee

Telefon: 07651/8060, Fax: 07851/806604

Ruhetage: Montag und Dienstag

Kreditkarten: Visa, Master-Card, EC

61 Zimmer, DZ ab 160,– DM

In einem der beliebtesten Ferienorte des Hochschwarzwaldes, in Titisee, steht seit 1880 das Stammgebäude dieses Traditionshauses, direkt am Waldrand und nur fünf Minuten zu Fuß vom See entfernt. Vorgesetzte Holzbalkone, üppige Blumenkästen mit Geranien und die für diese Gegend typischen Holzschindeln als Fassadenverkleidung signalisieren schon von außen, was sich dann im Inneren des Hauses wohltuend fortsetzt: eine sehr solide, gemütliche Schwarzwälder Gastlichkeit, die auf Tradition setzt, ohne altmodisch oder gar altbacken zu wirken – ganz im Gegenteil. Dafür sorgt nicht zuletzt auch das Angebot aus der Küche von Thomas Sauter. Das Hotel mit Hallenbad und Sauna wird nach wie vor von seinen Eltern Heide und Harald Sauter geführt. Er hat jedoch 1991 das Regiment am Herd übernommen, nachdem ihn die Ausbildungsjahre in renommierte Häuser geführt haben, die allesamt für ihre regionale Küchentradition einen Namen haben, wie der „Hirschen" im Glottertal und der „Ritter" in Durbach. Aber auch bei einer der ganz großen Adressen, bei Harald Wohlfahrt in Baiersbronn, hat Thomas Sauter seine Station gemacht. Dass er es mit seinem Anspruch ernst meint, heimische Produkte in eine leichte, bekömmliche und gleichzeitig in der Region verwurzelte Küche umzusetzen, zeigt sich auch an Folgendem: mit fünf weiteren Koch-Kollegen aus der näheren Umgebung hat er eine Vereinigung gegründet, die unter dem Namen „Der Natur auf der Spur" sich genau diesem gastronomischen Konzept verschrieben hat. Mit Wildkräutern gratinierter Markgräfler Lammrücken nebst glasierten Lauchzwiebeln und Schupfnudeln, pochiertes Eisenbacher Lachsforellenfilet und hausgemachte Bärlauchravioli sind hierfür einige ganz besonders leckere Beispiele.

Gasthaus und Pension Zum Bären

Hauptstraße 20, 79822 Titisee-Neustadt

Telefon: 07651/1515, Fax: 07651/4407

Ruhetag: Mittwoch

Kreditkarten: Visa und Euro-Card

20 Zimmer, DZ ab 125,– DM

Seit rund 500 Jahren steht mitten im Ortskern von Neustadt stattlich und unübersehbar das Gasthaus „Zum Bären“. Zweimal ist es abgebrannt, aber im Keller, der früher das Salzlager der Stadt beherbergt hat, lassen sich noch die Mauerreste und weitere Spuren bis in jene vergangenen Tage zurückverfolgen und nachweisen. Seit 1906 führt die Familie Scherer dieses traditionsreiche Haus. Seit 1974 steht Ulf Scherer in der dritten Generation am Herd. Sein Vater Joseph Scherer, inzwischen 90 Jahre alt, war als Bären-Wirt eine Neustädter Institution und ein Unikum zugleich. Ulf Scherer, der die renommierte Hotelfachschule im Strandhotel „Löchnerhaus“ auf der Insel Reichenau besucht und darüber hinaus in mehreren Hotels in der Schweiz gearbeitet hat, führt das Haus in der von seinem Vater begründeten gutbürgerlichen Tradition weiter. In den letzten Jahren hat er zusätzlich sein gastronomisches Herz für Kinder entdeckt, die „Alf-Teller“, „Biene Maja“, „Pinocchio“ und ähnliche kinderfreundliche Teller bestellen können. Aber nicht nur das. Ihm sind seit einiger Zeit auch jene Sportsfreunde ans Herz gewachsen, die an schönen Frühlings-, Sommer- und Herbsttagen neben der traumhaften Landschaft auch die vielen kurvigen Straßen des Hochschwarzwaldes als wahres Eldorado schätzen: die Motorradfahrer. Das „Bikers-Wellcome“- Schild am Eingang verheißt deshalb nicht nur kräftige Kost, sondern auch die Möglichkeit, die teueren Untersätze in einem Biker-Port sicher zu verwahren. Ansonsten profitieren die „Bären“-Gäste von all jenen Einrichtungen, die ein Ferienort wie Neustadt zu bieten hat, darunter Kneipp-Kurmittelhaus, Kurgarten mit Minigolf, beheiztes Freibad und Hallenbad. Und wer das Motorrad einmal stehen lassen möchte, dem bieten sich auf den Wanderwegen und Waldlehrpfaden ringsum reizvolle Alternativen – oder man leiht sich ein mit Muskelkraft betriebenes Mountainbike aus.

Gasthaus Kalte Herberge

Urachtalstraße 50, 78147 Vöhrenbach-Urach

Telefon: 07723/7389, Fax: 07723/913538

Ruhetag: Dezember bis April dienstags,
Mai bis November kein Ruhetag

Kreditkarten: alle

13 Zimmer, DZ ab 90,– DM

„Kalte Herberge" ist für ein Gasthaus, zumindest auf den ersten Blick, kein besonders werbeträchtiger Name. Und deshalb müssen Marlies und Hans-Dieter Zinserling ihren Gästen, die im rustikal-gemütlichen Gastraum oder auf der schönen Gartenterrasse Platz genommen haben, schon mal erzählen, wie es zu dieser eigentümlichen Bezeichnung gekommen ist. Wie häufig in solchen Fällen, gibt es dazu mehrere Geschichten. Die schaurigste besagt, dass es hier oben auf 1029 Metern Meereshöhe, am höchsten Punkt der früheren „Villinger Landstraße", der heutigen Bundesstraße 500, vor über hundert Jahren noch im Juni so bitter kalt gewesen sein soll, dass ein Handwerksbursche, der auf der Ofenbank übernachten wollte, angeblich erfroren sei. Wahrscheinlicher ist aber folgende Version: In unruhigen Zeiten haben früher Bauern aus der Nachbarschaft ihre Wertsachen in den tiefen Kellergewölben des Gasthauses in Sicherheit gebracht. Und „verstecken" heißt im alten Schwarzwälder Dialekt auch „verkalten". Wie auch immer: Seit über 500 Jahren – genau seit dem Jahre 1480 – hat das Haus diesen Namen und das Wirtsrecht dazu. Heute kümmert sich die Familie Zinserling – er am Herd, sie in der Gaststube – um das leibliche Wohl ihrer Gäste. Vor allem viele Wanderer (der Schwarzwald-Westweg führt hier vorbei) und Skifahrer, die sich auf den nahen Loipen und Abfahrten (sie zählen zu den schneesichersten des Schwarzwaldes) Appetit geholt haben, genießen die ebenso herzhafte wie feine Küche des Hauses. Mit bodenständigen Produkten in unverfälschter Qualität werden hier Schäufele mit Sauerkraut und Schupfnudeln, badische Ochsenbrust, frische Forellen, reichlich bedeckte Vesperteller und hausgemachte Kuchen aufgetragen. Nicht zuletzt der hervorragende Ruf der Schwarzwälder Kirschtorte hat sich schon bis weit hinab ins Tal verbreitet!

Silence Hotel und Restaurant Hirschen

Rathausweg 2, 79286 Glottertal

Telefon: 07684/810, Fax: 07684/1713

Ruhetag: Montag

Kreditkarten: alle außer Diners

49 Zimmer, DZ ab 200,– DM

Der Hirschen – eine kulinarische Institution im gastronomisch ja nicht eben stiefmütterlich ausgestatteten Glottertal – ist im alten, neuen Glanz wieder auferstanden. Nachdem vor zwei Jahren ein Brand erheblichen Schaden angerichtet hatte, war das Wirtsehepaar Petra und Hermann-Josef Strecker gezwungen, ihr traditionsreiches Haus umfangreich neu zu planen und wieder aufzubauen. Dies ist in 20-monatiger Bauzeit nicht nur von außen architektonisch überzeugend gelungen. Vor allem im Inneren profitiert der Gast von einem Komfort auf neuestem Stand und hohem Niveau. Damit dürfte das Haus auch für die nächsten hundert Jahre gerüstet sein. Wie schon im „alten" Hirschen auch, so ist nach wie vor gerade das Angebot aus Küche und Keller den Streckers ein ganz besonderes Anliegen. Chefkoch Hermann-Josef Strecker, unterstützt von seiner rechten Hand am Herd, Thierry Esch, kocht für ein anspruchsvolles Publikum, wobei gerade die hohe Zahl an Stammgästen zeigt, dass er mit seiner Linie richtig liegt: eine gehobene, aber nicht abgehobene Feinschmecker-Küche, die mit beiden Beinen, das heißt vor allem bei den verwendeten Produkten, fest in der Region verankert ist. Seine Grundausbildung in Sachen Kochkunst hat er bei keinem Geringeren als dem elsässischen Sternekoch Emile Jung vom Straßburger Restaurant „Crocodile" erhalten. Nach einem Abstecher ins Maxim's nach Paris hat er sich dann im Basler Restaurant „Bruderholz" beim legendären Hans Stucki und in den „Schweizer Stuben" in Wertheim bei Dieter Müller den endgültigen Feinschliff geholt. Ehefrau Petra ist vor allem während ihrer Arbeit im Freiburger Hotel „Colombi" der perfekt-freundliche Umgang mit den Gästen in Fleisch und Blut übergegangen. Und stolz ist man hier nicht zuletzt auf den hervorragenden Glottertäler Wein, der aus dem hauseigenen Weinanbau kommt.

Höhengasthof Löwen

Furtwanger Straße 8, 78141 Schönwald

Telefon: 07722/4114, Fax: 07722/1891

Ruhetage: Mittwochabend und Donnerstag

Kreditkarten: keine

14 Zimmer, DZ ab 94,– DM

Auf der „Escheck", in 1057 Metern über dem Meeresspiegel zwischen dem heilklimatischen Kurort Schönwald und Furtwangen gelegen, steht groß und unübersehbar ein Hort Hochschwarzwälder Gastlichkeit: der Höhengasthof „Löwen" der Familie Kaltenbach. Hier oben, an der Wasserscheide zwischen Rhein und Donau, wurden schon vor weit über hundert Jahren – das Haus wurde im Jahre 1840 erbaut – die Pferde jener Fuhrwerke umgespannt, die vom Rheintal her hoch- oder von der Baar herüber gekommen sind. Die Kutscher wurden mit Speis und Tank versorgt. Seit 1922, und nunmehr in der dritten Generation, ist das Haus im Besitz der Kaltenbachs, mit dem 35-jährigen Alexander Kaltenbach als Küchenchef am Herd. Zentrum des Hauses ist die schöne, gemütliche, in solide-rustikaler Holzarbeit ausgebaute Gaststube, deren große Fensterfront einen weiten Blick über die Wiesen, Wälder und Hänge des südlichen Schwarzwaldes freigibt. Hier wird eine bodenständige, weitgehend badisch orientierte Küche aufgetragen, die nach wie vor sehr kundenfreundlich kalkuliert ist. Nicht zuletzt die hausgemachten Vesper mit herzhaftem Bauernbrot und die selbst gebackenen Kuchen erfreuen sich bei den Gästen großer Beliebtheit. Auch im Winter ist der „Löwen" eine beliebte Anlaufstelle für alle, die sich auf den direkt am Haus vorbeiführenden, insgesamt über einhundert Kilometer langen, gespurten Langlaufloipen Appetit geholt haben. Auch der nächste Skilift ist nur zehn Gehminuten entfernt. Vor allem diese Gäste werden es – wenn sie in einem der hübsch eingerichteten Zimmer übernachten – besonders schätzen, dass kürzlich noch Sauna und Dampfbad neu hinzugekommen sind. Die Zimmer sind übrigens allesamt Nichtraucherzimmer, so dass auch hier der Genuss der klaren, frischen Schwarzwälder Höhenluft von keinem Wölkchen getrübt wird.

Nichts liebt der Südwesten mehr
als diese Stille.
stilles Mineralwasser
BAD DÜRRHEIMER
nitrat- und
kochsalzarm
Die stille „Blaue"
aus der
Bad Dürrheimer
Johannisquelle.
Natürlich
schwarzwaldfrisch.
BAD DÜRRHEIMER
stilles
Mineral
wasser
Johannisquelle
Partner der Fallers
BAD DÜRRHEIMER
Unter den Guten
eines der Besten.
Joseph Pölzelbauer Design

Weitere Bücher zu den „Fallers“

136 Seiten, s/w illustriert, gebunden,
DM 29,80, SFr 27,50, ÖS 218,–,
ISBN 3-7650-8197-3

Die Lebenserinnerungen von Wilhelm, dem Großvater der Südwestrundfunk-Fernsehserie „Die Fallers“. Der Autor Roland Lang ist in die Haut der Fernsehfigur geschlüpft und erzählt die spannende und unverwechselbare Biografie eines Schwarzwälder Bauern.

96 Seiten, 40 Farbabbildungen, gebunden,
DM 29,80, SFr 27,50, ÖS 218,–,
ISBN 3-7650-8176-0

Das Kochbuch mit den besten Rezepten der traditionellen Schwarzwälder Küche. Es enthält außerdem die privaten Lieblingsrezepte der „Fallers“ und eine Auswahl empfehlenswerter Schwarzwälder Landgasthöfe.

96 Seiten, 40 Farbabbildungen, gebunden,
DM 29,80, SFr 27,50, ÖS 218,–,
ISBN 3-7650-8185-X

Die schönsten traditionellen Backrezepte aus dem Hochschwarzwald. Außerdem die Lieblings-Backrezepte der „Fallers“.

96 Seiten, 61 Farbabbildungen, gebunden,
DM 29,80, SFr 27,50, ÖS 218,–,
ISBN 3-7650-8206-6

Dieser praktische Ratgeber lädt Sie ein, altes bäuerliches Wissen aus dem Schwarzwald heute zu nutzen. Die „Fallers“ geben konkrete Tipps, Ratschläge und Rezepte für die Vorratshaltung von Lebensmitteln, den Umgang mit Gartengemüse, Kräutern, Beeren und Blumen.

96 Seiten, ca. 50 Farbabbildungen, gebunden, DM 29,80, SFr 27,50, ÖS 218,–,
ISBN 3-7650-8220-1

„Die Fallers“ sind eine Fernsehfamilie aus dem richtigen Leben. Aber welche Menschen stecken hinter diesen Figuren? In diesem Buch lernen Sie die Menschen in Text und Bild kennen.

96 Seiten, 80 Farbabbildungen, gebunden,
DM 29,80, SFr 27,50, ÖS 218,–,
ISBN 3-7650-8234-1

Dieser Bildband zeigt den Schwarzwald als eine der schönsten deutschen Landschaften und die Heimat der „Fallers“. Lernen Sie diese Landschaft und ihre zweitausend Jahre alte Kultur als den Hintergrund der bäuerlichen Welt der „Fallers“ kennen.

210 Seiten, 30 illustrierte Touren, mit ausklappbarer Karte und Wanderskizzen, Broschur,
DM 19,80, SFr 19,–, ÖS 145,–,
ISBN 3-7650-8212-0

30 Rundwanderungen durch den Mittleren Schwarzwald – die Heimat der „Fallers“!

G. BRAUN BUCHVERLAG

Karl-Friedrich-Straße 14 – 18
76133 Karlsruhe
Tel. 07 21 / 165-195
Fax 07 21 / 165-855
www.gbraun.de
e-mail: buchverlag@gbraun.de